盛唐诗人的安史离乱

郑海洋
——
著

山西出版传媒集团　山西人民出版社

自　序

盛唐诗是中国诗歌发展的顶峰，这已是公论。明代胡应麟在《诗薮》中说，以七言歌行为例，李白、杜甫之后，"能事毕矣"；以律诗论，晚唐也仅有一句半句能和盛唐媲美；以绝句论，盛唐之后只有韦应物勉强能得王维之意味，其他的，都不足论。

可惜盛唐忽然就结束了。

公元755年的冬天，安禄山兵起范阳，四十天后攻陷洛阳，次年夺取长安。天子西奔，百官失所，我们挚爱的几位盛唐诗人，也惶惶如丧家之犬，不知所向。盛唐诗风随之大变，胡应麟称之为："骨气顿衰！"

纵观历史，一个王朝盛极而衰是自然规律，但像唐朝这样，于极盛时突然崩溃的情况却十分罕见。

安禄山的反叛颇具戏剧性。他本是东北边境上的一个"杂胡"，大字不识几个，一边在贸易场上做个小中介，一边干点偷鸡摸狗的勾当，三十岁时尚籍籍无名，可十年之后竟已成为地方最高军政长官！既不是皇亲国戚，又非世家高门，离京城又远，他何以竟得如此宠信呢？大唐盛世毁于他之手，是偶然吗?

对于熟读唐诗的我们来说,似乎天宝末年之前,一切都是朝气勃发、纯真美丽的。可是翻开史书和唐人的诗集来看,大唐盛世的崩坏,并不是毫无征兆的。即便是在大唐国力最强、社会最安定的开元年间,诗人们的生活过得也都不安宁。我们心中的盛世,在他们的眼中,多是歧路与危途。

盛唐诸家中,王维和王昌龄中进士比较早,却屡受打击。王维的参禅与归隐,一半是受家庭影响,一半也是不得已。王昌龄一生饱受非议,屡次被贬,六十岁仍然只是个龙标尉,他所谓"一片冰心在玉壶"者,并不是随便说说而已,实在是对自己屡遭诽谤的自然辩护。

几位诗人中,孟浩然年纪较长,死得也最早。初读孟浩然的诗,很容易误会他是一个心态恬淡、无欲无求的隐者。其实他一生都在积极求仕,两次入长安游历,多次给宰相写诗请求引荐,但都落寞而归。一直到四十九岁,张九龄被贬为荆州长史后,孟浩然才终于在荆州幕中得到一个都督府从事的小职位,可惜很快又因病归家。不久病死家中,年仅五十二岁。

然而孟浩然又是最幸运的,他没有目睹安史之乱的爆发。其他几位诗人则眼睁睁看着大厦轰然崩塌,切身感受命运的无情裹挟。李白和杜甫自不必说,一个沦落西南,一个流放夜郎。王维被迫接受伪职,平乱后虽被宥免,但一直愧悔难安,晚年几乎不再写诗。王昌龄则不幸得罪悍吏,稀里糊涂死在乱世之中。岑参壮年出塞，依附北庭都护、安西节度使封长清，两人相得甚欢，岑参最壮丽的边塞诗都写于此时。安史乱起，封长清兵败被杀，岑参失去依傍，后寓居虢州，落落寡欢，所作诗歌几乎不值一观。

高适的经历似乎是个例外，年近五十尚蹉跎不得意，潼关兵败后忽然崛起，一年内连升数级，官至正三品节度使。不过，从文学史的角度看，安史之乱基本终结了他的创作生涯，在十年时间里，他留下的仅仅是十余首平平之作！

战乱爆发后仍然保持旺盛创作力的，只有李白和杜甫，这也正是二人的伟大之处。李白天生豪迈、落拓不羁，但数年的战乱让他的诗不再飘逸、狂放，逐渐变得沉重、忧郁，还经常充满了委屈。

杜诗的经典之作基本都创作于安史之乱期间。战前十年的困顿已经让他积蓄了满腔愤懑，战争的巨大破坏力，更让他痛心不已。他先是热心从政，很快又意冷辞官，自身的痛苦与人民的苦难戚戚相融，心中的期望与失望反复绞结，造就了他沉痛厚重又多彩易变的创作风格。从长安到凤翔，从洛阳到秦州，从成都到夔州，每到一处，杜甫的所思所感就更深刻一层，所作诗歌就更沉郁一分。

770年4月，当五十九岁的杜甫病逝于湖南耒阳舟中时，盛唐时代的重要诗人已全部凋零。盛世早已不再，唐诗转入大历新风。新的诗坛以韦应物和刘长卿为首，所作诗歌大多低沉内敛、冷静凝重。视野不再高阔灵动，胸中再无慷慨激情。再没有"江流天地外，山色有无中"，有的只是"日暮苍山远，天寒白屋贫"；再不说"直挂云帆济沧海"，只看得"野渡无人舟自横"。这种转变并非只是有唐一代之变化，而是整个中国两千年来诗歌总体之转向。从此以后，中国诗歌再也没能回到安史乱前那般慷慨豪迈、热情洋溢又生动多姿了。

我们今天诵读最多的，仍然是盛唐诗。不管李、杜，还是王、孟，几乎每个中国人都能背出几首他们的诗句，每个人的心里，都会有盛唐的印记。不管是"长安一片月"，还是"大漠孤烟直"，盛唐已不只是一个历史概念，它俨然已成为亿万中国人的心灵故乡。

从这个意义上讲，本书很像是一场寻乡之旅。在写这本书之前，我曾很多次捧着唐人的诗集暗自好奇：盛唐，究竟是怎样的盛唐？我们又是怎样离开了盛唐？

于是，在2017年秋季，我开始了这趟旅程。经过一年多的跋涉，盛唐的背影在我脑中逐渐清晰起来，安史之乱的惨烈也在我心中留下深刻的印象。我不知道自己的拙笔能将这些感受传递出几分，唯愿读者阅后，对唐诗的热爱会更增一点。

如此，幸甚！

最后，请允许我对几位朋友表示感谢。首先要感谢我的朋友王文剑博士，如果没有他的鼓励，这本书大概到现在也没完成。在他的引荐下，我结识了资深编辑韩猛先生，韩猛先生对我的选题很是赞赏，积极为我联系出版事宜。其次要感谢汉唐阳光的编辑闫亮女士，她耐心负责，一直就本书的诸多问题反复与我交换意见，从引文字句核实，到人地名称标注，甚至章节顺序之调换，都提出很多中肯的建议。另外，台湾中国文化大学的卢建荣教授，拨冗通读了本书全稿，不以为浅陋，反而热情题写荐语，谦谦之风，有温如玉，奖掖之力，无涯感佩，一并致谢！

郑海洋

2019年立夏于新乡

目 录

自 序 ········· 01

第一部分 山雨欲来

第一章 张九龄：孤荣亦自危 ········· 003

第二章 王维：万事不关心 ········· 014

第三章 杜甫：旅食京华春 ········· 025

第四章 岑参：阳关万里梦 ········· 035

第五章 高适：布衣不得干明主 ········· 047

第六章 哥舒翰：青海无传箭 ········· 058

第七章 安禄山：大军北集燕 ········· 070

第二部分 飙风乍起

第八章 胡马犯潼关 ········· 083

第九章 高适：拥旄出淮甸 ········· 096

第十章 杜甫：国破山河在 ········· 100

第十一章 李白：空名适自误 ········· 113

第十二章 岑参与杜甫：汗马收宫阙 ········· 136

第三部分　骤雨难歇

第十三章　王维：汉诏还冠冕 …… 147

第十四章　杜甫：移官岂至尊 …… 153

第十五章　高适：睢阳祭张巡 …… 164

第十六章　李白：夜郎万里道 …… 175

第十七章　杜甫：客行新安道 …… 183

第十八章　李白与贾至：地窄三湘道 …… 197

第十九章　岑参：东郊未解围 …… 204

第二十章　王维：身世犹空虚 …… 221

第二十一章　胡寇尚未尽 …… 226

第二十二章　杜甫：归期未敢论 …… 234

第四部分　繁华落尽

第二十三章　杜甫：不见风尘清 …… 247

第二十四章　李白：昔年有狂客 …… 254

第二十五章　杜甫：束缚酬知己 …… 263

第二十六章　岑参：孤舟巴山雨 …… 270

第二十七章　杜甫：魂梦归不得 …… 281

参考书目 …… 290

第一部分 山雨欲来

第一章　张九龄：孤荣亦自危

乱幽州者，必此胡也

第一个看出安禄山必反的人，是张九龄。

张九龄生活在盛唐，但不能算是典型的盛唐诗人。他的诗风清淡典雅、温柔涵蕴，更接近初唐诗风，读他的诗可以轻易地发现这一点。

翻开《唐诗三百首》，第一页就是张九龄的两首诗。

其一：

兰叶春葳蕤，桂华秋皎洁。欣欣此生意，自尔为佳节。谁知林栖者，闻风坐相悦。草木有本心，何求美人折！

其二：

江南有丹橘，经冬犹绿林。岂伊地气暖，自有岁寒心。可以荐嘉客，奈何阻重深。运命惟所遇，循环不可寻。徒言树桃李，此木岂无阴？

这是张九龄六十岁那年，被贬为荆州大都督府长史后写的诗，诗名叫《感遇》，共有十二首，这是其中两首。前一首赞美兰和桂，后一首赞美橘树。这三种植物自古都是品行高洁的君子的象征。战国时屈原因遭谗言离间，被流放沅湘之间，满腔悲愤无处倾泻，写下了《离骚》《九歌》《远游》等诗歌，里面多次提到兰和桂。另外还专门写过一首《橘颂》来赞美橘树。

张九龄的遭遇和一千多年前的屈原十分相似，这两首诗的主旨跟屈原也并无二致，除了赞美兰、桂、橘遗世独立、忠贞不改的品性之外，字里行间掩藏不住的，还有许多孤独与落寞。

这也难怪，因为他也是遭谗言诋毁，被迫离开京城来到荆州的。唐代把各州按人口、经济和地理位置的不同，分为上、中、下三等。荆州属于上州，设有大都督府，最高行政长官是都督，但一般由诸王在京遥领。所以张九龄虽然只是荆州长史，但实际上是荆州的最高长官。可唐人一般都重京官，轻外任，何况张九龄来荆州之前，他的身份是中书令——也就是宰相。由宰相而降为地方长官，这难免让他感到孤独和落寞。

玄宗在下给张九龄的制书上，明确地谴责他亲近小人、品德有亏，平素所推荐的人物多不合适。而《旧唐书》却说张九龄以"才鉴见推"，说他在吏部工作时多次参与人才的选拔工作，大家都认为他的推举既公平又公正，就是说他很会看人。

这就很奇怪了。到底他是不是一个能鉴识人才的人呢？

张九龄是韶州始兴（今广东韶关）人。现在的广东是个经济很发达的地方，但在当时，广东还是穷乡僻壤。不仅经济落后，文化上也很闭塞。但张九龄靠着自己的聪颖与勤奋，愣是在二十多岁时就考中了进士！要知道唐代科举一科往往只有十几或二十人，而且大多来自北方的世族大家，像张九龄这样，来自岭南的小姓子弟，能中进士非常罕见。

中进士之后，他被授予校书郎之职，此后基本一直在京为官，直到五十岁时，被外放到洪州（今江西南昌）做都督。在洪州期间，他写了不少优美的诗篇，主题大多是借景抒情，其中以表达思乡之情最为多见。

最著名的是那首《望月怀远》：

海上生明月，天涯共此时。情人怨遥夜，竟夕起相思。
灭烛怜光满，披衣觉露滋。不堪盈手赠，还寝梦佳期。

在南昌待了三年后，张九龄又被调往桂林，先后做过刺史和岭南按察使。两年后又回到长安任工部侍郎。次年，也就是开元二十一年（733年），他位极人臣，做了宰相。

也就是在这一年，他见到了安禄山。

当时安禄山只是范阳节度使张守珪手下的一名偏将，但是很得张守珪重用。张守珪每次派他出去，他总能立功回来，所以张守珪很喜欢他，不仅升他为衙前讨击使，还收他为养子,并派他进京奏事。

张九龄一见安禄山,就觉得其人傲慢不逊,悄悄对另一位宰相裴光庭说:"乱幽州者,必此胡也。"

这个情节出自欧阳修编撰的《新唐书》,如果记载属实,那张九龄真是诸葛亮一般神奇的人物。因为这一年的安禄山只有三十一岁,距他后来起兵叛唐,还有二十二年!

虽然看出安禄山不是善类,但无缘无故地,张九龄也不能拿他怎么样。安禄山办完差事也就回幽州去了。令人意外的是,三年之后,张守珪突然主动把安禄山绑起来送到京城,请求朝廷按照法令给安禄山执行死刑。

原来,安禄山在对奚和契丹的作战中轻敌失利,致使唐军损失惨重,按照军纪理当斩首。可张守珪觉得安禄山一向作战勇猛,杀了可惜,不杀又难以服众,于是耍了个手段,把他绑起来送到长安,请朝廷来执行法令。名义上是请朝廷借此明正典刑,实际上是给安禄山留了一线生机。

张九龄看到张守珪的奏章,批示说:"穰苴出师而诛庄贾,孙武习战犹戮宫嫔,守珪法行于军,禄山不容免死。"话说得很文雅,意思很简单,就是"杀!"

穰苴是春秋时齐国的军事家,国君派他带兵出征,同时又派宠臣庄贾做监军。但临出发时庄贾却因为与众人饯别,喝酒迟到了。穰苴为严肃军纪,就杀了庄贾。孙武是春秋时的军事家,吴王阖闾请孙武试着带领宫中妇人操练兵法,妇人们以为是戏闹,纷纷大笑不听号令。于是孙武杀了两个深受吴王宠爱的宫嫔，军纪立马严明了。

玄宗不同意张九龄的意见，想要赦免安禄山。张九龄说："安禄山狼子野心，有逆相，应该立即杀掉，以绝后患。"

玄宗说："晋朝王衍很有鉴识，能看出石勒将来一定会造反。不过你可不要看走了眼，陷害了忠良。"玄宗认为张九龄的怀疑没有根据。他明白张守珪的心思，就下令免去安禄山所有职务，仍然送回张守珪军前效力。

张九龄很遗憾，但也无可奈何。就算他看出安禄山将来会作乱，那也并非是很危急的事情。当时最让他忧虑的，其实并不是这个千里之外的幽州"杂胡"，而是发生在朝廷内部的一些人事变动。

鹰隼莫相猜

张九龄拜相之后，朝廷最重要的人事变动，是李林甫被拜为礼部尚书，同中书门下三品。这是个什么职务呢？

礼部尚书，就是尚书省下辖六部之一——礼部的最高长官。同中书门下三品，就是与中书省和门下省的三品官同样待遇。中书省的三品官是中书令，门下省的三品官是侍中，二者都是宰相之职。也就是说，李林甫虽只是礼部尚书，但是实际上具有宰相的权力。

事情发生在开元二十二年（734年）。当时张九龄切谏不可，说宰相身系国家安危，李林甫非社稷之臣，如果用他，恐怕将来会成为国家之忧。

李林甫是皇室宗亲，做小吏出身的，读书很少，没什么才学。但性格阴柔狡黠，善于揣摩人意，所以玄宗很喜欢他。玄宗不理会张九龄的意见，坚持自己的意见。李林甫于是和张九龄、裴耀卿同列朝堂，成了大唐宰相。

开元二十四年（736年），朝廷上发生了几件事情。事情本来不算大，但经过口蜜腹剑的李林甫一搅和，局势慢慢变得对张九龄不利了。

当年十月份，玄宗忽然想返回西京长安。两年前，因为关中饥荒，玄宗移驾到东都洛阳来了，但是最近宫里发生了一些奇怪的事情，玄宗觉得睡不踏实，便和宰相们商议准备返回长安。张九龄和裴耀卿都说，此时正是秋收季节，沿途庄稼还没有收割完毕，皇帝车驾经过，恐怕会踩坏庄稼，还是等到仲冬季节，庄稼收完了再走。

李林甫心知皇帝想早点返回西京，就等裴、张二位离开之后，跟玄宗讲："东京、西京，不过就是陛下的行宫而已，想返回何必等待时间。如果说担心车驾伤害沿途庄稼，只管减免沿途百姓的赋税就行了。"玄宗一听，很高兴，立即宣旨：即日返回长安。

不久，玄宗听说河西节度使牛仙客厉行节俭，河西军仓库充实、器械精利，就打算任命牛仙客为尚书，并赐爵封地。

张九龄不同意，说尚书是朝廷重要官职，以大唐的惯例，尚书多由做过宰相，或者在朝廷内外有德望的人来担任。牛仙客本是边疆的一个小吏，一下子提拔到如此重要位置，恐怕会让朝廷蒙羞，也难孚众望。

玄宗又问，那只给他赐爵封地行不行？

张九龄说，爵位和封地是用来赏赐功臣的。牛仙客充实仓库、修整器械都是他分内的工作，做得好，赐他金帛就行了，赐爵封地则不合适。

李林甫却跟玄宗讲："以牛仙客的才能，做宰相都行，何况尚书！张九龄是一介书生，不识大体。"玄宗听了自然很高兴。

第二天上朝时，张九龄继续力谏不可给牛仙客实封。玄宗很生气，满脸怒气说道："事皆由卿耶？"意思是说，难道什么事儿都要听你的吗？

张九龄吓坏了，连忙磕头说道："我的职位是陛下您所任命的，身为宰相，事情有不合适的地方，我不敢不说。"

但玄宗还是不听，认为张九龄不能容人，下旨封牛仙客为陇西郡公，食邑三百户。

十一月份的时候，玄宗听信谗言，欲废太子李瑛。李林甫为了巩固自己的地位，也极力支持废黜太子。张九龄则力劝不可，于是玄宗愈发不高兴。

又过了几天，有个叫王元琰的人因为贪赃被查，这事儿本来和张九龄没关系，最终却导致张九龄被罢相。

王元琰是蔚州刺史，他的夫人是中书侍郎严挺之的前妻。

严挺之之念及旧情，就想办法营救王元琰。李林甫知道了，就让人悄悄告诉玄宗。

玄宗问几位宰相，严挺之为什么会帮王元琰说情？是不是有什么私情？

张九龄回答说，王元琰夫人是被严挺之休了的，应该是没什么情谊了。

张九龄此话明显有维护严挺之的意思，玄宗便怀疑张九龄、裴耀卿和严挺之等人有结党行为，于是将张、裴二人同时免去参知政事的资格，仅保留左、右丞相之名。后来又诏令牛仙客做工部尚书并参知政事。所谓"参知政事"，就是以工部尚书的身份行使宰相之职。

事实上，张九龄和严挺之关系确实不错，曾想引荐他也做宰相。有一次他跟严挺之说："李林甫最近深得皇帝宠信，你应该去拜会一下。"但严挺之鄙视李林甫的为人，不肯登门拜访。李林甫知道后，一直对严挺之怀恨在心，终于逮到这个机会在背后插了他一刀。

张九龄被罢参知政事，仍然待在京城，但他内心充满了忧虑。冬日寒风凛冽，他望着院子里飘飘荡荡的梅花，写下一首《庭梅咏》，似乎在描绘自己岌岌可危的处境：

芳意何能早，孤荣亦自危。更怜花蒂弱，不受岁寒移。
朝雪那相妒，阴风已屡吹。馨香虽尚尔，飘荡复谁知。

次年春天，南燕北归之时，他又写了一首《咏燕》：

海燕何微眇，乘春亦暂来。岂知泥滓贱，只见玉堂开。
绣户时双入，华轩日几回。无心与物竞，鹰隼莫相猜。

这首诗末两句以归燕的口吻说，自己无心与他人竞争，请鹰隼不要有所猜疑。据《唐诗纪事》记载，他还把这首诗拿给李林甫看，李林甫看了之后，知道他有退归之意，对他的怨怒才消解一些。

江城坐自拘

开元二十五年（737年）四月，有个叫周子谅的监察御史弹劾牛仙客庸碌无才，并引谶语为证，惹得皇帝大怒，下令当庭杖责，并流放瀼州。阴险的李林甫又不失时机地补了一刀，说："周子谅当初乃是张九龄举荐的人。"

于是，张九龄因举荐不当之罪被贬为荆州长史。他匆匆离开长安，再也没有回去过。

张九龄在荆州长史任上待了三年。政务之余，他偶尔游览一下当地古迹，留下不少诗篇，但这些诗里表现出来的情感与当年在洪州时明显不同。洪州诗作虽然也有惆怅与寂寞，但多是缘于思乡或怀念亲友，而荆州时期所作则明显有着更深沉的悲哀和失望。

除了本章开头提到的《感遇》十二首之外,还有《登荆州城楼》《荆州作》《听筝》等。在《登荆州城楼》中,他开篇就叹道:"天宇何其旷,江城坐自拘。"天地虽宽,他却感觉如坐监牢。

开元二十八年(740年)春,张九龄六十三岁了,他奏请朝廷允许自己返乡扫墓,以此为由返回岭南。当年五月八日,张九龄病逝于韶州老家。

张九龄罢相是玄宗朝吏治开始败坏的一个标志性事件。以张九龄、裴耀卿、严挺之等为代表的正直之士,从此被玄宗疏远,此后嫉贤妒能的李林甫独擅大权十七年。不仅朝廷之上再无忠贞贤良之士,边疆领兵的将领也多是目不知书的番将,大唐盛世逐渐丧失了健康之肌。

十四年之后,安史之乱爆发,玄宗仓皇逃往四川,一路上每每想起张九龄,都忍不住伤心流泪。他对身边人讲:"自从张九龄死后,我就再没听过有人向我忠言进谏了。"至德二载(757年),已经被迫退位成为太上皇的他,又派人到韶州祭奠张九龄、抚恤张九龄的后人,并刻石纪念,以表彰张九龄的先见之明和忠贞之行。

一千两百多年过去,张九龄作为一代贤相,为维持开元盛世做过的种种努力,已经被人遗忘得差不多了。如果不是历史专业学者,大概很少有人了解这些往事。在大部分读者心中,张九龄更多是以诗人的形象出现。

张九龄的诗整体特点是清淡含蓄,其清淡之风很像陶渊明,其含蓄之味则更胜陶渊明。这种特点使得他的诗风迥然区别于同时期的其他人。

试读这首《登荆州城望江》:

滔滔大江水,天地相终始。经阅几世人,复叹谁家子。
东望何悠悠,西来昼夜流。岁月既如此,为心那不愁。

这首诗的意旨和陈子昂的《登幽州台歌》很相似,却含蓄淡雅得多,恰如其人之风貌。唐史记载,张九龄虽被罢相,其翩翩神采仍令玄宗念念不忘,之后每逢有人荐引公卿,玄宗都要问一句:"风度比得上张九龄吗?"

第二章　王维：万事不关心

怅望深荆门

开元二十五年（737年）的夏天对于王维来说，显然不是一段令人愉快的日子。当年四月底张九龄被贬为荆州长史，王维很有些怅惘。他写了一首诗寄给张九龄，诗名是《寄荆州张丞相》：

所思竟何在，怅望深荆门。举世无相识，终身思旧恩。
方将与农圃，艺植老丘园。目尽南飞雁，何由寄一言。

在诗中，他将张九龄视为知音，说自己终身难忘张九龄的恩情。

王维此时的职务是右拾遗，官阶是从八品上。看起来是个小官，但因为主要工作职责是给皇帝提意见，所以平日里都扈从皇帝左右，属于皇帝的近臣。

王维得此职位，完全是得益于张九龄的推荐。

就在两年前的春天，王维尚在嵩山隐居。这段隐居的时间并不长，前后不过半年，却留下了一首不错的写景诗《归嵩山作》，被蘅塘退士选入《唐诗三百首》：

清川带长薄，车马去闲闲。流水如有意，暮禽相与还。
荒城临古渡，落日满秋山。迢递嵩高下，归来且闭关。

这首诗表面看起来闲适淡泊，充满了一个隐者特有的清静与安闲，但实际情况并非如此。

因为，就在隐居嵩山之前，王维刚刚给张九龄写了一首干谒诗，诗题是《上张令公》。他在诗里赞美张九龄的风雅与才干，并在结尾写道："当从大夫后，何惜隶人余。"意思是我很想跟随大人您工作，哪怕是再小的职位我也愿意。

所以，他是很想做官的。他之所以来嵩山这个地方隐居，也是因为上一年玄宗驾临东都洛阳，朝廷的主要行政部门也都随驾来到了洛阳。王维实际上是跟随玄宗和张九龄的脚步来的。他先到洛阳待了一阵，但是没有等到消息，就决定到嵩山去隐居。嵩山离洛阳仅有一百多里路，骑马的话，两日可到。这么短的距离，更适合做达官贵人的郊游之地，并不适合做一个真正的隐居之所。实际上，终唐一世，嵩山和终南山一样，都是汲汲求仕者沽名钓誉的一条捷径。

王维一生写了大量充满禅意和隐者意趣的诗歌，但他骨子里绝非一个真正的隐者。在做官之前，他的参禅、隐居都是为了做官而有意为之，至少离不开做官这个主要目的。在做官之后,他的参禅、隐居则更多是对黑暗政治的一种自我麻痹。他从未真正想过要辞官。有人对比王维和孟浩然的经历,说孟浩然是"隐而求仕",王维是"仕而求隐",这其实是对王维的生平不甚了解。

与同龄的李白等人相比,王维成名算是比较早的。他十五岁就离开家乡到长安,进入京城的文化交际圈。因为有卓越的音乐才华,他得以经常出入诸王府邸。《唐才子传》说,王维曾在岐王府里以一曲《郁轮袍》惊动了玉真公主,进而被推举中了进士。这故事多半是虚构,但王维早年以音乐才能在京城享有盛名却是事实。开元九年(721年),王维中进士,朝廷授予他的第一任官职是太乐丞,掌管的就是朝廷礼乐之事。不过当年秋天,因为在宫中擅自观看黄狮子舞,王维被贬为济州司仓参军,负责管理仓库。他在济州待了四五年,到开元十四年(726年)才返回长安。之后的七八年时间,他基本上一直在长安闲居。

开元二十一年(733年)张九龄拜相之后,王维终于看到出仕的希望。

王维和张九龄早就认识。早在开元十八年(730年)前后,孟浩然来长安求官时,三人有过一段交往。王维、孟浩然和张九龄在审美情趣上有一定的相似性,王维在山水诗的写作上受张九龄和孟浩然的影响都比较大。张九龄对孟浩然也颇多照顾,被贬到荆州后,还为孟浩然谋了一个都督府从事的职务。这是孟浩然一生唯一做过的官。

可以说，无论是在文学旨趣上，还是在仕途中，王维和孟浩然都是站在张九龄这条船上的。所以有些学者认为，正是张九龄被贬，使得王维放弃了政治上的追求，转而投向了参禅与隐居的生活。

阴谋独秉钧

张九龄被贬，只不过让王维在政治上失去依傍。真正让他丧失希望的，应该是李林甫的擅权。

开元二十五年（737年），张九龄被贬为荆州长史不久，玄宗终于听从李林甫的建议，废掉太子李瑛，将其与鄂王李瑶、光王李琚一同贬为庶人，并加封李林甫为晋国公。

这一年的秋天，王维被擢升为侍御史，朝廷派他出使凉州（今甘肃武威），任务是宣慰上一年打败吐蕃的河西军。他于九月出发，大约于十一月前到达凉州。塞外的奇异景象让他暂时忘记了朝堂上的倾轧和争斗。

在出使凉州的路上，他写下了《出塞作》《从军行》《陇西行》等许多描写边塞风光的佳作，其中最知名的是《使至塞上》：

单车欲问边，属国过居延。征蓬出汉塞，归雁入胡天。
大漠孤烟直，长河落日圆。萧关逢候骑，都护在燕然。

第二年王维返回京城时，废太子李瑛、鄂王李瑶和光王李琚已经同时被玄宗杀掉了。李林甫串通武惠妃，想要立武惠妃之子寿王李清为太子。不过玄宗认为忠王李玙（后改名为李亨）忠厚老实，且年龄较长，更适合做太子，就没有采纳李林甫的建议，别立忠王李玙为太子。李林甫觉得自己没有拥立之功，便一直寻机除掉李玙。

张九龄离开后，接替张九龄为相的牛仙客不敢和李林甫竞争，对李林甫言听计从，但李林甫并不觉得自己就安全了。他想一直独揽相权，所以他对所有可能入朝为相的人都不放过。

首先遭殃的是严挺之。严挺之负气敢言，却因为王元琰的事情被贬为洛州刺史，后又转为绛州刺史。天宝元年（742年），玄宗忽然想起严挺之，问李林甫："严挺之现在在哪里？他还是个很有才干的人。"李林甫立即察觉到威胁，退朝后，他悄悄找来严挺之的弟弟严损之，一边假装叙旧，一边许诺为他升官。然后告诉严损之说："皇上一向对你哥哥很看重，你应该让他想办法回来，只要能再见到皇上，自然会重新获得重用。"严损之很是感动，李林甫便进一步诓他说，不如让严挺之谎称生病，请求回京城养病，这样就有机会见到皇上了。

严挺之果然中计，上奏请求允许自己回京就医。李林甫得到严挺之的奏书，马上跑到玄宗面前说："严挺之年纪大啦，生病了，不堪重用，不如给他个闲职好好养身体。"

玄宗听了很是惋惜，怅恨许久，下诏授严挺之做了个员外詹事的闲职，让他去东京洛阳养病去了。严挺之就这样被踢出政治舞台，在洛阳郁郁而终。

类似的事情还发生在兵部侍郎卢绚身上。卢绚风度很好，有一次，唐玄宗在勤政楼上隔着帘子眺望，看到卢绚骑马经过楼下，忍不住便随口赞赏几句。第二天，李林甫得知这件事，就把卢绚降职为华州刺史。卢绚到任不久，又被诬说身体不好，不称职，再一次降了职。

从开元二十二年（734年）为相，到天宝十一载十一月（753年1月）死去，李林甫在将近二十年的时间里对内外朝臣严酷打击，但凡正直敢言或稍有声望者，不是被迫害致死就是贬官流放。其中受李林甫打击最严重的部门，恰恰是王维所在的御史台。在御史台，除了哥舒翰、杨国忠、王维等极少数官员之外，凡不是由李林甫提拔的御史和谏官，几乎全部被杀或被贬。王维之所以逃过李林甫的打击，很可能就是因为他经常参禅、隐居，表现出对政治不怎么关心的态度，这才让李林甫对他放心。

天宝五载（746年）正月十五元宵节晚上，太子李玙出宫赏灯时，与妻兄御史大夫韦坚不期而遇，随后韦坚又与河西节度使、鸿胪卿皇甫惟明等相聚。此事被李林甫知道后，便向玄宗告发，说韦坚作为皇族亲戚，与领兵大将过于亲密，一定是在密谋造反，想拥立太子登基。

玄宗是搞政变出身的，当年他正是以临淄王的身份，联合禁军将领刘幽求、陈玄礼等人发动唐隆政变，诛杀了韦皇后及安乐公主,并迫使少帝李重茂退位,把父亲李旦扶上皇位。所以他非常忌讳皇族勾结领兵大将,听了李林甫的谗言,敕令严查,最终赐韦坚自尽,并诛杀皇甫惟明等多名官员。

此案株连甚广,数十名官员被牵连,其中包括左相李适之、北海太守李邕、淄川太守裴敦复等重要大臣,连太子李玙也未能幸免。太子情急之下,上表玄宗,声明要与自己的妃子——也就是韦坚之妹断绝关系。还好玄宗并没有深究,太子躲过一劫。李适之被贬为宜春太守,后听说韦坚被杀,十分畏惧,也自尽了。

李邕是著名的书法家、文学家,刚毅忠烈,嫉恶如仇,在武则天时期就以直言敢谏为人所知,在朝野有广泛影响。李林甫欲除之而后快,在天宝初把他贬为北海太守,如今又趁机网罗罪名,最后派手下爪牙前往北海郡,将李邕就地杖杀。

裴敦复曾任刑部尚书,因推荐过李邕,于是受到牵连,也与李邕同时被杀。

李邕与杜甫和李白都有交往。对于李邕的死,杜甫当时并不敢言,但是痛隐于胸,久久难忘。二十年后,他仍忍不住哭道:"坡陀青州血,芜没汶阳瘗。"李白愤怒之余,感慨大呼:"君不见李北海,英风豪气今何在?君不见裴尚书,土坟三尺蒿棘居。"

补阙杜琎再上书言政事,李林甫立即将他贬为下邽令,并警告其他专管提意见的谏官,说:"当今皇上英武圣明,我们做臣子的即便是只听从命令，还怕跟不上，又何必空发议论呢？你们没看见朝廷典礼时，立在道旁的仪仗马吗？它们如果终日保持静默，每天还可以享用精美的饲料。一旦叫了一声，则立即被废掉，再也不被使用。到那时候，想再不叫，也没机会回来了。"

王维当时身为右拾遗，亦属谏官之列，宰相李林甫训话时，想必王维正站在堂下肃静聆听。

无可无不可

可以想见王维当时的处境和心情。开元二十七年（739年），秀才丘为落第还乡，王维写诗相送，结尾两句写道："知祢不能荐，羞为献纳臣。"祢是指祢衡，献纳臣是指自己。当时王维还在左补阙任上，主要职责是献言进谏。这两句的意思是说丘为像祢衡一样很有才学，可是自己虽为谏官，却不能像孔融推荐祢衡那样推荐他。字句之间有些惭愧，似乎还有些不得已的委屈之意。

李林甫有个亲信叫苑咸，与王维一样精通佛理，两人的关系也很好。有一次，苑咸写诗和王维开玩笑，说你的官位许久都没有升迁，也许是因为你像罗汉一样无欲无求吧。

王维回诗《重酬苑郎中》，写道："仙郎有意怜同舍，丞相无私断扫门。"意思是说，我知道你很同情我，不过升迁并不容易，因为当朝宰相刚正无私，杜绝走后门。

李林甫当然称不上刚正无私之人。《新唐书》记载，李林甫专权，公卿晋升者尽出其门，有不出其门者，必加罪贬黜。这一点王维应该是看明白了。

人们出于对王维的喜爱，往往把他这两句诗当成洁身自好、不愿依附权势的证据，说王维在委婉地拒绝苑咸对自己的关心。不过结合二人之前的两首诗作来看，这都是玩笑话，不必当真。纵观王维一生，并没有什么坚贞不屈的政治立场。

从开元末到安史之乱前，王维基本上过着半官半隐的生活。这是好听的说法。不好听的说法就是：在其位不谋其政。身为谏官，他没留下关于当时政治的任何主张。

唯一能看出他对政治有所批判的，是一首《送陆员外》。其中有几句说："万里不见虏，萧条胡地空。无为费中国，更欲邀奇功。"意思是说经过战争，幽州地区已经一片萧条了，陆员外你到范阳之后，可不能再为了邀功而轻易开战，耗费国家民力物力。

据《资治通鉴》记载，开元十一年三月，安禄山率领番、汉兵二十万攻打契丹。王维对这种穷兵黩武的行为是持否定意见的。这种明确表达政治批判的诗作，在王维的诗集中比较罕见。

王维诗表达最多的主题，还是归隐。他在终南山下的辋川买下一处园子，整日流连山水之间，写下了大量表达隐逸思想的诗篇，但是他又不肯真的辞官归隐。在《与魏居士书》

中，他评价了陶潜不为五斗米折腰的事，称陶潜不肯弯腰见督邮，解下官服和官印弃官而去，但是他后来写《乞食》却说"叩门拙言辞"，说明他穷到要经常乞讨，而且心里是很惭愧的；如果他当时见了督邮，则可以安享俸禄，不至于落到这种地步。就因为一时不忍折腰，而导致终身折腰，这不是忘大守小吗？

他还引用了孔子的一句话："我则异于是，无可无不可。"说只要身心相离，心中的道理和身外的具体事情就可以相融，做什么都不会觉得心不安。

这段话其实恰恰说明了他的不安。正因为心里不安，他才需要为自己的行为找个理论支撑，心理学管这种现象叫作"失衡"。

实际上，他对陶潜的理解也是不恰当的。田园生活本身是很艰苦的，收成也不稳定。陶潜遭受过乞食之苦，但这种乞食之苦带来的内心惭愧，和在官场苟且逢迎所忍受的内心惭愧，在本质上是不一样的，绝不可等同视之。陶潜甘愿忍受"乞食之惭"，恰恰说明他内心有着不能泯灭的原则和理想。孔子是说过"无可无不可"，但其本意是说"可以仕则仕，可以隐则隐"，是一种有判断、有原则的选择。而王维则曲解孔子的话，把它变成了一种无判断、无原则的随遇而安。这当然可以说是受佛教影响的一种表现，但究其根底，还是出于不能坚守原则的软弱罢了。

在这种半官半隐的日子里，有很多次，王维都以为自

已找到了人生的真理。在一首《酬张少府》的诗中,他悠然写道:

晚年惟好静,万事不关心。自顾无长策,空知返旧林。松风吹解带,山月照弹琴。君问穷通理,渔歌入浦深。

如果这首诗的作者是他的好朋友——比如在开元二十八年(740年)就死去了的孟浩然,又或者是很早就辞官归隐的李颀,这都是一首绝佳的山水诗。因为他们二人都没赶上安史之乱,没有被安禄山胁迫接受伪职,也就没有人会拿这段人生污点来反观他们的诗作。

可惜王维生错了年代,他很不幸地生活在天宝年间,又很不幸地赶上了安史之乱。

十几年之后,当王维被人从洛阳押解到长安等候判决的时候,回想起当年的这些诗作,他的内心里一定充满了深深的悔恨。

第三章　杜甫：旅食京华春

微生沾忌刻

天宝六载（747年）正月李邕被杀的时候，杜甫可能并不清楚这件事对自己的未来有什么重要影响。直到二十年后他客居夔州（治所在今重庆市奉节县），思及往事，悲从中来，才写下了一首长达四百三十字的诗，来追悼当年这位对他青眼有加的长者。

在这首题为《八哀诗·赠秘书监江夏李公邕》的诗里，他悲痛的不光是李邕个人的不幸遭遇，还有盛唐衰落的种种事实。彼时杜甫已经进入迟暮之年，虽然只有五十五岁，但他的生命只剩下三四年光景了。

杜甫半生颠沛流离，穷困潦倒。他一生的悲剧，大约就是从天宝六载开始的。

天宝五载（746年），三十四岁的杜甫从洛阳来到长安。虽是初来长安，杜甫却颇为自得。因为他虽然没什么功名，却已经在大唐的文人圈内小有名气了。去年他刚刚在齐赵之间游历了几个月，在那里，他和名满天下的前翰林待诏李白同吃同睡同玩乐,还一起去北海郡拜见李邕。杜甫后来提起这段经历,曾自负地说:"李邕求识面,王翰愿为邻。"

来到长安之后,他很快就顺利地融入京城的上流文化圈,和汝阳王李琎、尚书左丞韦济、驸马郑潜曜、崔惠童等大贵族都多有交往。

这一年的冬天,杜甫没有回东都和家人团聚,而是一个人留在长安的客馆过年。除夕之夜,杜甫留下一首诗《今夕行》,出人意料的是,诗中全无异乡为客羁旅之思,而是记载了一场赌博。他在客馆守夜,和客人们一起博彩为戏,与众旅客轮流掷骰子,一起大呼小叫,气氛好不热闹。可惜杜甫手气不好,接连几次都没有掷出"贵彩"。虽然输了,但是杜甫兴致很高,输赢毫不在意,又搬出古人赌博的事为自己辩白,说英雄做事,有时难免要赌一把运气。诗中以南朝刘毅为例,说刘毅虽然家贫没有积蓄,但是一赌起来,也是豪气干云,一掷百万。

这种难得的快乐情绪,在杜甫集中并不多见。以这首诗为标志,杜甫快乐的青年时代也就结束了。几个月之后,他遭遇了人生中的一次重大挫折。

天宝六载正月,玄宗下诏,天下凡有任何特殊才能的人,都可以到朝廷考试应选。杜甫之所以选择留在长安,很可能就是为了准备这次应选。

其实早在开元二十三年(735年),杜甫已经参加过一次科举考试,只不过落第了。当时他只有二十三岁,年轻气盛,对失败并没有太在意。落榜之后不久，就去河北和山东旅游去了。

天宝六载的这次考试属于制举，不同于进士、明经等常科。制举的考试时间和科目都不固定，通常是以天子的名义，征召各地知名之士，由州府举荐来京城应试，虽然主考和阅卷的官员都是由朝廷委派，但名义上是天子亲自考试。而一旦登第，可以直接授官，不像普通进士及第之后，还需要等待吏部考核，然后才能授官。所以很多进士及第之后，又跑去参加制举考试，例如王昌龄，就曾在进士及第四年之后，又以博学宏词登科。

制举如此重要，自然对天下有才之士具有很强的吸引力。可恰恰是制举的重要性，让它引起了某些人的忌讳。

其中最痛恨制举的人是李林甫。李林甫没怎么读过书，靠着门荫制度做了官。他自知读书太少，所以对文学之士特别反感。他很害怕这些应选者登第之后议论朝政，影响自己的权威，于是跟玄宗讲："这些草野之士大多卑贱愚钝，不懂礼节。如果皇上您亲自组织考试，恐怕他们的污言秽语会冒犯您。"他奏请由尚书省的长官来组织考试，由御史中丞监考。玄宗答应了。李林甫选的考官自然都是他的亲信，听他的安排。

考试结果是：布衣之士没有一个登第者。李林甫很高兴，他向玄宗道贺说："如今天下已经是野无遗贤了！"

"野无遗贤"这个词出自《尚书》，意思是天下有学之士都已经在朝廷，朝廷之外没有什么贤能之士了，本来是形容政治清明的褒义词，被李林甫这么一用，从此蒙上了反讽的意味。

这一年参加制举的还有一个叫元结的人，他后来写了一篇文章《喻友》，在文章里详细记载了李林甫玩弄权术、导致所有人被黜落的过程。他告诉和自己一起来参加考试的朋友，不要再流连长安了，一同返乡归隐山林吧。

从这篇文章看，元结已经深深认识到李林甫的阴鸷酷烈，不愿与之同流合污。之后元结果然一直在家乡隐居，直到李林甫死了之后，元结才又来到京城，考中进士。

杜甫则经过艰难抉择之后，选择继续留在长安。他有他的难处。他的父亲奉天县令杜闲大约是在这个时候去世了，家里失去经济来源，十分拮据。为了维持生活，他不得不低声下气，寄居在长安，充当贵族子弟的宾客。

这种生活对他的内心而言是充满矛盾和痛苦的。在落第后不久，他写了一首《赠比部萧郎中十兄》，诗中感叹自己拙于谋生，飘荡多年，一事无成。心中致君为民的理想，如今眼看成了空想，看来只能像魏晋时期的嵇康那样，做个隐居山中的村夫了。

这是杜甫诗集中第一次表现出自我否定的意思，也是他第一次表达出要做个隐者的思想。纵观杜甫后来的一生，哪怕生计再艰难，他都对家国政治和百姓安危保持着热切的关心。从根本上讲，他的骨子里是没有做隐者的基因的。这首诗写得如此丧气，只说明这次应选失败对他的打击之大。

天宝六载以后，杜甫基本上一直待在长安，过着"旅食京华"的寄居生涯。这在他的著名诗篇《奉赠韦左丞丈二十二韵》当中描写得很具体："朝扣富儿门，暮随肥马尘。残杯与冷炙，到处潜悲辛。"这首诗开篇就写道："纨绔不饿死，儒冠多误身。"意思是说那些纨绔子弟都能饱食终日，而我饱读诗书却蹉跎半生，几近饿死！言辞之激烈，几乎不像是一个晚辈对长辈该说的话。

除了韦济、李琎、郑潜曜、崔惠童等达官贵人的周济，杜甫偶尔也靠卖文章和卖草药为生。但这种生活显然是很不稳定的，他在长安十年的诗作中，有很多描绘生计艰难的句子。例如在《示从孙济》中他写道："平明跨驴出，未知适谁门。权门多噂沓，且复寻诸孙。"

清早出门了，却不知道今天该去谁家蹭饭。想去权贵人家，但是又觉得和权贵人家交往多是虚与委蛇，表面欢笑背后憎恶。好在杜家是个大家族，在京城还有很多亲戚，于是他便考虑去从孙杜济家蹭饭。然而杜济对他的态度并不很友好，杜甫在诗里谆谆教诲，告诉杜济说，我们是同根同源的一家人，你不要惑于别人的口舌，伤了我们自家的情分。

天宝六载之后的几年，杜甫留下的诗作不多，寥寥几首，多是干谒之作。天宝十载（751年）正月，玄宗接连举行三次大典：祀太清宫、太庙、南郊，杜甫趁此机会，先后写了三篇大礼赋，投入了朝廷的延恩匦。这三篇文章很幸运地被玄宗看到了。玄宗觉得文采不错，就让他待制集贤院，命宰相试他的文章。这是杜甫一生中最得意的时刻，他后来回忆说，自己一日之间便声名显赫，在集贤院里，众多学士像墙一样围着他，观看他作文章，令他感到非常自豪。

杜甫以为终于有了出头之日，然而朝廷最终给他的结果却是："送隶有司，参列选序。"就是送到有关部门，按资格等候选用。也许李林甫并不是故意刁难他，但李林甫一贯排斥文学之士是众所周知的。李林甫是吏职出身，长于整修纲纪、条理众务，非常重视维护制度的威严，这也是玄宗一直很信任他的一个原因。在他为政期间，如果不是趋炎附势者，官职大小和职位的迁转，都得严格按照制度来。

这对杜甫来说不啻又一次重大打击。他不得不继续沦落在长安街头，过着朝不保夕的生活。他对李林甫的奸邪与忌刻非常憎恶，但是又不敢多言。

李林甫死后第二年，因为杨国忠的构陷，李林甫被剖棺，彻底倒台。这时候杜甫才敢于直言自己心中的不忿和苦闷。在《奉赠鲜于京兆二十韵》这首诗中，他控诉李林甫"阴谋独秉钧"，而自己则"微生沾忌刻，万事益酸辛"。他认为，就是因为李林甫的忌妒与苛刻，自己才过得这么辛酸。

鲜于京兆即任京兆尹的鲜于向，他因有恩于宰相杨国忠，被杨国忠推荐为京兆尹。其实杜甫对杨国忠等人的骄奢淫逸也很不满意，他后来写过一篇《丽人行》，专门批判杨氏兄妹的奢华和靡费。但现在迫于生计，他不得不投诗给鲜于向，请求汲引。诗的前半部分赞扬鲜于向贤良多才,写得十分肉麻。结尾处很谦卑地说:"有儒愁饿死,早晚报平津。"平津,指的是汉朝的宰相、平津侯公孙弘。这两句意思是说我都快要饿死了,如果您肯帮助我,我早晚会报答您和宰相大人的恩德。

这首诗写得如此低声下气,几近哀求了,可以想见杜甫当时的窘困。然而即使这样,他仍然没有得到任何帮助。

他只能继续等待。

这一等,又是几年光阴过去。

不作河西尉

天宝十三载(754年),杜甫曾试着把妻儿接到长安同住,但很快因为关中水灾,米价暴涨,吃不上饭了。没办法,他只好把妻子和孩子送到距长安二百里的同州奉先县。奉先县的杨县令和他妻子杨氏有亲戚关系,就把杜甫的妻儿收留在县署里居住。杜甫则一个人继续在长安等待机会。

天宝十四载(755年)九月,杜甫回奉先探了一次家。十月份返回长安后,忽然接到朝廷的任命,让他去河西县做县尉。

这是一份迟到了将近十年的任命。自天宝六载到长安以来,杜甫已经在京城晃荡了近十个年头。他苦苦等待,四处赔笑、干谒,没有固定收入,过着朝不保夕的生活。十年前还是个意气风发的青年,如今已经四十四岁,几近老年了。但他终于做官了,终于可以定期领取俸禄了。

但是河西尉这个职位对杜甫来说是个鸡肋。

河西县就是今天陕西的合阳县,距离长安三百多里,倒不算太远。可县尉这个职务让杜甫感到为难。县尉官阶九品,官不大,责任倒是不小,主要负责捕盗和收税。晚唐的李商隐做弘农县尉时曾伤心地写道:"黄昏封印点刑徒,愧负荆山入座隅。却羡卞和双刖足,一生无复没阶趋。"意思是说县尉的工作干起来很是窝囊憋屈,恨不得自己和春秋时的卞和一样双腿残废,就不用在阶前屈辱地奔走了。

李商隐是谁,杜甫当然是不知道的。但三年前,好朋友高适刚刚从封丘尉任上辞职,曾写诗对县尉工作大发牢骚,杜甫肯定是读过的。

杜甫犹豫再三,委婉地向朝廷提出不愿意就职。朝廷也不勉强,改授他为右卫率府胄曹参军。

唐代实行府兵制,中央统领的府兵为十二卫和东宫六率。右卫率府属于东宫六率之一,负责太子东宫的宿卫。胄曹参军是一个管兵器甲仗的小官,类似于后勤处的仓库管理员。县尉的品级是九品上,每月俸禄大约两万文。胄曹参军是八品下,比县尉略高,但是俸禄却少很多,仅有几千文。

杜甫不在意俸禄多少,他更在意的是这个职位相对清闲,平日只须管好仓库,理清账目就行了,不用天天与人打交道,

更不用像高适在封丘时那样,"鞭挞黎庶",催要租税。杜甫写了一首诗,《官定后戏赠》:

不作河西尉,凄凉为折腰。老夫怕趋走,率府且逍遥。
耽酒须微禄,狂歌托圣朝。故山归兴尽,回首向风飙。

这是写给自己的自嘲诗,说率府工作虽然俸禄少,也足够买酒喝了,而且逍遥自在,这真是托了圣朝的福。总之,他还是很高兴的,只是在结尾处对暂时不能回家略有遗憾。他不知道的是,仅仅几个月之后,他所说的"圣朝"就崩溃了。而他自己,不仅不能再"逍遥",连家都没了。

官定之后没几天,杜甫回了一趟位于奉先县的家。说是家,其实只是妻子的临时栖居之处。

十一月的冬天,在一个昏黑的半夜,杜甫冒着凛冽的北风出发了。郊野之外百草凋零,天气异常寒冷,他的手指被冻得僵硬,连衣带断了都无法系上。

奉先县在长安东北,他走到骊山脚下时,天已经破晓了。他仰望骊山,知道玄宗和贵妃正在山上华清宫里避寒。他想到玄宗及杨氏兄妹的奢侈无度,想到自己空怀远志,却一直落拓无以为生,又想到路边所见的饿殍,忍不住从心头涌出一句:"朱门酒肉臭,路有冻死骨。"

到奉先之后他才知道,自己最小的孩子已经在贫病之中夭折了。他百感交集,便把一路上的所见所想写了下来,这就是杜甫一生中最重要的作品之一:《自京赴奉先县咏怀五百字》。

这是一篇五百字的长篇排律,字字铿锵、沉郁顿挫,通篇饱含着对国家社会矛盾的深沉忧虑、对百姓苦难生活的真挚同情。这首直抒胸怀的大手笔,无论在题材上还是在风格上都超越了前人,把唐代诗歌推到了一个顶峰的位置,甚至后来的诗人也没有人能追得上他。

这首诗里有两句话,描写了他路过泾渭渡口时看到的景象:"群冰从西下,极目高崒兀。疑是崆峒来,恐触天柱折。"

很多人把这段描写当成杜甫对大唐王朝战乱将起的预言。实际上,安禄山起兵之日,恰好就是杜甫回家探亲之时。

第四章　岑参：阳关万里梦

安能终日守笔砚

天宝八载（749年）初春的一天，天刚亮，一个青年就骑马离开了长安。其时虽已入春，天气却依然寒冷。他穿着貂裘，策马向前，一路走得很快，不几日就到了五百里外的陇州。他不敢耽搁，因为他的目的地是遥远的安西。安西都护府的治所在龟兹镇（今新疆自治区的库车县），距离长安有六千多里，快的话也要走上二十来天。走得慢了，那就不好说了。

一路上穿山渡岭，时间一天一天过去。离家越来越远，路上风景也越来越奇异。年轻人被沿途景色吸引，并不觉得无聊。白天欣赏风景，晚上便在驿馆看书写诗。诗的主题往往是对西域风景的描绘，偶尔也抒发一下对家乡的怀念。

大唐国力强盛，驿路发达，每隔三十里左右便有一处官驿。在官驿旁边又往往聚集着许多民营的馆舍，形成一个个小小聚落，如星星般散落在辽阔的帝国版图之上。沿路不时可以遇见往来的商旅和政府的使者。使者们公务在身，往往行得很快,疾如流星。

一日,年轻人偶遇一位从西边来的使者。二人驻马攀谈,得知使者正要返回长安公干,年轻人很是羡慕使者能与家人团聚。因为身边没有纸笔,没法写信,他只好请使者到长安后给家人捎个口信报平安。

晚上到了驿馆,年轻人找来笔墨,写了一首七绝:

故园东望路漫漫,双袖龙钟泪不干。
马上相逢无纸笔,凭君传语报平安。

没错,这个人就是岑参,这首诗就是著名的《逢入京使》。

岑参前往安西并非是为朝廷委派的公事,而是个人的自愿行为。来之前他已经主动辞去了官位——右威卫录事参军。

行至吐鲁番西南的库木什时,他写了一首《银山碛西馆》,诗的末两句点明了自己此行的目的:"丈夫三十未富贵,安能终日守笔砚!"他是要弃笔从戎了。

这一年,岑参三十五岁。

岑参家世显赫,与同时代的其他文人相比,他求仕的心理可能受家族影响更多一些。他的曾祖父岑文本、伯祖父岑长倩及堂伯父岑羲分别在太宗、高宗和睿宗时官至宰相。不过岑长倩和岑羲后来分别卷入李唐皇族内部斗争而被杀,岑家因此遭受重大打击,逐渐式微。

有此显赫家族历史,岑参对自己的期望也很高,他希望自己能重振家族荣耀。在二十九岁那年，他写了一篇《感旧赋（并序）》。在文章中，他历数家族往日的辉煌历史，表达了对家族中道衰落的哀伤。他自述五岁读书，九岁开始写文章，二十岁献书阙下，本以为凭借自己的才学，获得高官显爵肯定轻而易举，未料到年届三十，却依然蹉跎。生逢盛世，他不愿做个隐者，但世路艰难，韶华易逝，真是令人无可奈何。在文章的结尾，他赤裸裸地写道：希望有显达的贵人能帮助自己，给自己一条通达的仕途。

不知是不是这篇深情而直白的文章帮助了他。第二年，也就是天宝三载（744年），他进士及第，三年后被授予右内率府兵曹参军。这是一个从九品下的小官，主要掌管太子东宫所属武官及卫士的名单、账目及公私驴马等琐事。他似乎对这个任命很不满意，专门写了一首《初授官题高冠草堂》，言语间很有些自嘲的意思：

三十始一命，宦情都欲阑。自怜无旧业，不敢耻微官。
涧水吞樵路，山花醉药栏。只缘五斗米，辜负一渔竿。

大意说我孜孜以求了那么多年，如今都三十岁了，已经有些心灰意懒了，却忽然得了这么个小官。不过考虑到自己没有任何生活来源，官虽小也比没有强，为了这点微薄的俸禄，只好放弃做隐者的念头了。

和王维一样，岑参也从来没有真正考虑过做个隐者。在唐代的大多数文人心里，所谓归隐山林，实则只是个说辞。偶尔拿来写写诗，标榜一下自己内心的高洁志趣罢了，不必尽以为真。

在右内率府兵曹参军的职位上，岑参大约工作了四年，后来又转为右威卫录事参军。这是比一般参军略高一些的七品官，相当于功、仓等六曹参军的总管。

唐代官员每年都会有一次考核，官员的升迁以四考为限。李林甫和牛仙客执政后，更是严格按照规章制度来，官员想要超越常格、越级升迁，机会很少。也许是觉得升迁太慢，也许是因为天宝六载以来，西北边疆的战事连获大捷，许多边将以战功擢升，名声大震，总之，岑参决定放弃录事参军的职务，去边疆寻找建功立业的机会。

当时边疆诸镇中，声名最盛的人是高仙芝，他在天宝六载刚刚被朝廷授予安西四镇节度使。岑参此行就是要去安西投奔高仙芝。

安西风土断人肠

高仙芝是朝鲜族人，二十多岁就跟着父亲在安西当兵，因为父亲的军功，他很快就被升为游击将军。后来受到安西节度使夫蒙灵詧的赏识，表请朝廷将他升为安西副都护、四镇都知兵马使（安西四镇指的是安西都护府统辖的龟兹、于阗、焉耆、疏勒四个军镇。）

关于高仙芝，最为后人津津乐道的是他远征小勃律的故事。

小勃律地处现在的巴基斯坦控制的克什米尔西北部，东距唐安西都护府三千多里，中间要翻越高耸险绝、终年积雪的葱岭地区。开元末年，小勃律国与吐蕃和亲，与西北之地的二十多国一起重新投入了吐蕃的怀抱。唐军多次讨伐均无功而返。

天宝六载，朝廷令高仙芝率一万人再次出兵讨伐。高仙芝率众行军一百多天，跋涉几千里到达小勃律，出奇计连战连捷，一举攻破小勃律，俘虏了小勃律国王和吐蕃公主，带回长安献俘阙下。

这一战非常传奇，极大地震慑了西域诸国。史载拂菻（东罗马帝国）、大食（阿拉伯帝国）等七十二国纷纷遣使入唐修好。

但是高仙芝的卓越功绩却惹得一个人很不快，这个人便是他的顶头上司夫蒙灵詧。原因是高仙芝在返程的路上，没有先跟夫蒙灵詧通气，就派人向朝廷表奏捷报。

夫蒙灵詧见到高仙芝后，怒骂："高丽奴，你能有今日靠的是谁？"高仙芝说："是大人您。"夫蒙灵詧怒道："那你怎么敢不跟我报告，就直接向朝廷表奏捷报？按规矩你该当问斩，念你刚立功，姑且饶你一命。"

高仙芝吓得要死，不知如何是好。

太监边令诚是跟随高仙芝一块西征的,他对夫蒙灵詧的态度很不满,便悄悄给朝廷上奏,说:"高仙芝立了大功,却可能要受死,以后谁还愿意为朝廷出力呢?"

玄宗于是下诏擢升高仙芝为鸿胪卿、代理御史中丞,取代夫蒙灵詧为安西四镇节度使。

可以说,边令诚一封奏书帮了高仙芝一个天大的忙。但没想到的是,数年之后,在与安禄山叛军作战的紧要关头,同样是这个边令诚,又轻轻几句话把高仙芝送上了断头台。

岑参在高仙芝幕中总共待了三年,担任什么职务我们不太清楚。从他现存的诗作来看,他和高仙芝的关系并不密切。三年时光留下来关于高仙芝的诗仅有一首,还不是直接写给高仙芝的。诗名叫作《武威送刘单判官赴安西行营,便呈高开府》,主题是送别刘判官,副题才是请刘判官呈给高仙芝看一看。

诗很长,前几句简单夸赞了刘单判官,中间几句赞美高仙芝军容整盛,预祝高仙芝凯旋,然后又写了自己曾经到过的交河地区严酷的地理环境,最后又回到与刘判官话别的场景,道出惜别之情。

岑参不是一个很会拍马屁的人。在他现存的四百余首诗歌里,有三分之一都是酬赠之作,但投给高官要员的并不多。这一点,他比不上李白,更比不上杜甫。

杜甫曾经写过一首诗,赞美高仙芝的马。

没错,赞美高仙芝的马,诗名叫作《高都护骢马行》。诗里夸赞高仙芝的青骢马雄姿勃发、临阵无敌,万里疾行如风驰电掣,长安壮儿都不敢骑行。

这首诗大约写于天宝八九载之间,高仙芝入朝的时候。当时杜甫正在长安过着穷困潦倒的生活,高仙芝则进一步被朝廷加特进,兼左金吾卫大将军同正员。杜甫写此诗也许没有什么特殊的目的,但无可否认的是,他确实是一位咏马兼拍马的高手。

岑参在高仙芝幕中的诗作有十几首,内容主要是酬赠和怀乡,不管酬赠还是怀乡,表现出来的情绪都有些闷闷不乐。这与他后来在北庭时期的诗作相比,风格很是不同。

很显然,岑参在高仙芝幕中并没有获得施展抱负的机会。

不过,他此番西行也并非完全没有收获。

首先,西域的奇风异景极大地开阔了他的视野,他本来就是写景的高手,到安西之后的诗写得新奇动人,极富异域色彩。以至南宋时陆游忍不住赞扬他说:"太白、子美之后,一人而已。"

另外,岑参在安西都护府结识了一个人,这个人后来成为他最亲密的朋友兼长官。正是在这个人的帮助下,他后来又到北庭任职。在北庭,他的诗歌创作达到了个人的顶峰。

这个人也是高仙芝的僚属,名叫封常清。

轮台九月风夜吼

《唐诗三百首》里选了两首岑参的边塞诗。一是大家耳熟能详的《白雪歌送武判官归京》。另一首是《走马川行奉送封大夫出师西征》：

君不见走马川行雪海边，平沙莽莽黄入天。
轮台九月风夜吼，一川碎石大如斗，随风满地石乱走。
匈奴草黄马正肥，金山西见烟尘飞，汉家大将西出师。
将军金甲夜不脱，半夜军行戈相拨，风头如刀面如割。
马毛带雪汗气蒸，五花连钱旋作冰，幕中草檄砚水凝。
虏骑闻之应胆慑，料知短兵不敢接，车师西门伫献捷。

诗名中提到的"封大夫"，就是安西四镇节度使兼北庭都护封常清。诗中提到的轮台县，是北庭都护府辖下瀚海军的驻地，在今乌鲁木齐北边十几公里处。

封常清是蒲州猗氏（今山西临猗县）人。他的外祖父犯了罪，被流放到安西，负责看守城门。他跟随外祖父来到安西，每天被外祖父带到城门楼上读书。外祖父死后他无依无靠，日子过得很贫苦，三十多岁了还一无所成。后来看到节度使夫蒙灵詧和都知兵马使高仙芝每次出营时，身旁都有侍从三十余人，而且个个锦衣华服、鲜明夺目，封常清很是羡慕，于是慨然发奋，给高仙芝写了一封信，请求做高仙芝的侍从。

高仙芝本人长得英武帅气,他一见封常清身体瘦弱,而且有点跛脚,就看不上,打发他回去了。第二天封常清又来了,坚持要给高仙芝做侍从。高仙芝说,我的侍从已经够了,你还来干吗?

封常清怒道:"我仰慕大人是有义气之人,所以才不经人推荐自己前来。大人为何坚拒呢?大人以貌取人,恐怕错失了人才。请大人您再考虑考虑。"高仙芝仍然不答应。封常清便每日前来,等候在门口。高仙芝无奈,只好让他也做了一名侍从。

封常清善写文章。高仙芝有一次出兵追击叛乱的达奚诸部落,封常清悄悄把行军作战的过程都记录下来,写成报告拿给高仙芝看。高仙芝看了大惊,所有自己想说的细节,都被封常清写得明明白白。报告上交到都护府,几位节度判官看了也都很惊讶,得知是封常清所写,都纷纷赞叹。封常清由此知名,后来又因功被提为庆王府录事参军,并任节度判官。

封常清有才干且做事果断,高仙芝外出时让他任留后。高仙芝乳母的儿子郑德诠对封常清无礼,从后面骑马越过封常清扬长而去。封常清命人将他引到节度使宅院,关上门训斥他说:"高中丞命我为留后使,你难道不知道?为何如此无礼?今天就借你的命来整肃军纪。"下令打他六十军杖后拖了出去。高仙芝的妻子和乳母在门外大哭求救,封常清都不理会。

高仙芝回营后听说此事，大吃一惊，再看郑德诠，已经死了。

既然人都死了，高仙芝也就没再过问，封常清也没解释，这事儿就过去了。后来又有两名大将犯了错误，封常清毫不宽贷，按军纪处死了二人。于是军中风气肃然一新。

岑参来到高仙芝幕中的时候，封常清任节度判官，是岑参的领导。二人应该就是此时相识的，时间是在天宝八载(749年)。

天宝十载（751年），高仙芝改任河西节度使后，安西都护府的新领导是王正见，他奏请朝廷任封常清为四镇支度营田副使、行军司马。第二年王正见死了，朝廷便让封常清接任了安西四镇节度使的工作。

高仙芝改任河西节度使之后，岑参也返回长安。天宝十三载（754年），封常清入朝，岑参其时也在长安，两人很可能在长安见过面。这时，原北庭节度使程千里因功被朝廷擢升为金吾大将军，留京任职，朝廷改由封常清兼任北庭都护。几个月之后，岑参也来到北庭。

岑参在北庭担任的职务是节度判官。唐代有各种判官，节度判官是其中一种，工作职责并非只是审理案件，还要完成节度使交付的多种工作，在幕府中属于中层干部。节度使出征时，判官常留守驻地，位置十分重要。由此可见封常清对岑参的信任。

在《登北庭北楼呈幕中诸公》中，岑参写道："幸得趋幕中，托身厕群才。"意思是说，能到北庭都护府幕中和各位英才共事，我感到十分荣幸。显然岑参对封常清辟自己入幕十分感激。

除了上文提到的《走马川行奉送封大夫出师西征》之外，岑参在北庭的两年之内，还有很多直接提及封常清的诗。如《轮台歌奉送封大夫出师西征》《北庭西郊候封大夫受降回军献上》《使交河郡，郡在火山脚，其地苦热无雨雪，献封大夫》《献封大夫破播仙凯歌六章》《陪封大夫宴瀚海亭纳凉》《奉陪封大夫宴，得征字，时封公兼鸿胪卿》《奉陪封大夫九日登高》等。这些诗虽然是应酬之作，但都写得相当好，不仅描绘了塞北地区壮丽的奇景，也赞美了边疆将士不畏艰苦、乐观高昂的战斗精神，尽显盛唐气象，读来令人振奋。

诗的题目大都有点长，简单讲就是送封大夫出征、等封大夫回营、陪封大夫乘凉、陪封大夫吃饭、陪封大夫登山、路过火山想念封大夫、恭喜封大夫打败敌人……由此可见他与封常清的关系是十分亲密的，远非当年在安西时与高仙芝的关系可比。

整体看来，岑参在北庭的生活是很快乐的。当时北方的突厥部落已经被唐朝和回纥联手打败，突厥故地被回纥据为己有。回纥和大唐交好，边境太平，幕府的工作并不多。岑参平日生活很悠闲，每日无事就是写写诗、看看风景、想想家乡。

他写了不少送别诗，这些诗同《白雪歌送武判官归京》

一样，大部分内容都在描绘雄奇的大漠风光，并没有太多的离愁别绪。

闲暇之余，他甚至还搞起了园艺，在府庭内移植了一株优钵罗花，并为之作诗。在另一首《敬酬李判官使院即事见呈》里，他描绘了自己的日常生活：

公府日无事，吾徒只是闲。草根侵柱础，苔色上门关。
饮砚时见鸟，卷帘晴对山。新诗吟未足，昨夜梦东还。

总之，他对自己在北庭幕中的生活是很满意的。

可惜这一切都在天宝十四载（755年）冬天，随着安禄山的叛变戛然而止了。

第五章　高适：布衣不得干明主

辟阳荒城在高岸

天宝十载（751年）春天，封丘县尉高适路过河北冀州信都县的汉代辟阳城遗址附近，写了一首诗，诗名叫作《辟阳城》：

荒城在高岸，凌眺俯清淇。传道汉天子，而封审食其。
奸淫且不戮，茅土孰云宜。何得英雄主，返令儿女欺。
母仪良已失，臣节岂如斯。太息一朝事，乃令人所嗤。

这首诗没什么高雅之处，言辞简平粗钝。首联写景，次四联记事，尾联发一声叹息，看起来很普通很平常的一首诗，却记述了一段离奇的故事，也反映出高适对时政的忧虑。

辟阳城是西汉初年辟阳侯审食其的封地，这首诗中间的八句，说的就是审食其和吕后的故事。审食其得幸于吕后，众人皆知，可非但没有被刘邦治罪，反而被封为侯，甚至还一度做了宰相，经历非常传奇。

审食其是刘邦的同乡，刘邦自立沛公后，便将父亲刘太公托付给哥哥刘喜和审食其。高祖二年，刘邦被项羽打败，丢弃妻子吕雉逃走，吕雉、审食其和刘太公都被项羽俘虏。项羽将吕雉和审食其在一起关押了两年多，二人朝夕相对，渐渐有了私情。后来吕后、审食其和刘太公被项羽放回，刘邦封审食其为辟阳侯。

刘邦死后，吕后又擢升审食其担任左丞相、太傅等重要职务。但审食其终究不得人心，最后被淮南王刘长用铁锤打死了。

审食其通于吕后，刘邦知不知情呢？很多人认为刘邦是知道的，要不为什么封他为辟阳侯呢？辟阳，字面意思就是劈掉阳根。这可能不是巧合。刘邦是记仇的，例如他曾故意封侄儿为"刮锅侯"（羹颉侯）。因为早年他去哥哥家蹭饭，嫂子一看见他就假装刮锅洗碗，不想管他吃饭，弄得他常常饿着肚子离开。刘邦不杀审食其，可能是因为他确实有功，也可能是因吕后的人情。

高适的怀古诗很少，像这样记叙前人八卦的诗更是罕见，所以读此诗就容易让人心生联想了。晚清学者刘师培认为，这是在讽刺玄宗的好色与荒乱，以及对杨贵妃、安禄山的过分专宠。

《资治通鉴》记载，天宝六载，安禄山诌媚玄宗，自愿给小自己十六岁的杨贵妃做儿子。天宝十载正月初三，玄宗诏安禄山入皇宫，杨贵妃令人用锦绣做成大襁褓裹住安禄山，并让宫人们用彩车拉着他。大家看着安禄山那滑稽的样子纷纷大笑,玄宗听见了就问怎么回事儿,左右人回答,这是贵妃娘娘在洗儿。(安禄山生日是正月初一,唐时有婴儿出生第三日洗儿的风俗。)

玄宗看了也觉得好笑,赏赐了贵妃不少钱物,对安禄山更加宠信,从此允许安禄山自由出入皇宫,并于当年二月初二加封安禄山为云中太守,兼河东节度采访使。由此,安禄山一人身兼范阳、卢龙、河东三镇的节度使,统率边境骁勇善战之士近二十万人,占唐朝全部兵力的将近一半。如此权势熏天,慢慢地产生了悖逆之心。

表1 天宝初年唐十大节度设置情况(各镇统兵人数后来均有扩张)

节度	作用	统辖范围	治所	兵力(人)
安西节度	抚西域	统龟兹、焉耆、于阗、疏勒四镇	龟兹	24000
北庭节度	防制突骑施、坚昆,通瀚海	统瀚海、天山、伊吾三军,屯伊、西二州之境	庭州	20000
河西节度	隔断吐蕃、突厥	统赤水、大斗、建康、宁寇、玉门、墨离、豆卢、新泉八军,张掖、交城、白亭三守捉,屯凉、肃、瓜、沙、会五州之境	凉州	73000
陇右节度	防备吐蕃	统临洮、河源、白水、安人、振威、威戎、莫门、宁塞、积石、镇西十军及绥和、合川郡、平夷三守捉;屯鄯、秦、河、渭、兰、临、武、洮、岷、廓、叠、宕十二州之境	鄯州	70000

续表

节度	作用	统辖范围	治所	兵力（人）
朔方节度	捍御突厥	统经略、丰安、定远三军，三受降城，安北、单于二都护府，屯灵、夏、丰三州之境	灵州	64700
河东节度	与朔方以掎角之势御突厥	统天兵、大同、横野、岢岚四军，云中守捉，屯太原府忻、代、岚三州之境	太原	55000
范阳节度	临制奚、契丹	统经略、威武、清夷、静塞、恒阳、北平、高阳、唐兴、横海九军，屯幽、蓟、妫、檀、易、恒、定、漠、沧九州之境	幽州	91400
平卢节度	抚室韦、靺鞨	统平卢、卢龙二军，榆关守捉，安东都护府，屯营、平二州之境	营州	37500
剑南节度	西抗吐蕃，南抚蛮獠	统天宝、平戎、昆明、宁远、澄川、南江六军，屯益、翼、茂、当、巂、柘、松、维、恭、雅、黎、姚、悉十三州之境	益州	30900
岭南五府经略	绥静夷、獠	统经略、清海二军，桂、容、邕、交四管	广州	15400

安禄山经常出入皇宫，有时和杨贵妃一起吃饭，甚至晚上有留宿皇宫的情况。坊间慢慢就传出一些关于他和杨贵妃的丑闻，但玄宗听了并不相信，反而对安禄山恩宠如故。如果有人检举安禄山有悖逆之行，玄宗不仅不去调查，反而会把检举人关起来，或者直接绑了送到安禄山面前。

不过这些事都轮不到高适操心，他写完诗就继续赶路，回封丘去了。这一年的高适虽然已经四十八岁，但身份只是一个小小的封丘尉，平日里应付的都是些催粮、征税、缉盗的琐事。这个差事让他烦闷不已，但他又不知道该不该放弃。

布衣不得干明主

高适大概生于703年，比李白、王维小两岁，比杜甫大九岁。

高适的爷爷高侃，是高宗朝的名将，有战功，官做到正三品的左监门卫大将军，曾任辽东道、陇右道持节大总管（相当于后来的节度使），封平原郡公，食邑两千户。高适的父亲叫高崇文，做过韶州长史。

有这样的爷爷和父亲，高适自然也非常自负，年轻时雄心勃勃，一心想取得高位。但现实总是很残酷，他在四十六岁之前一直都很落魄，大部分时间在宋州（今河南省商丘市）和淇上（今河南省鹤壁市一带）读书种地。其间也去过长安和河北一带游历，希望能获得引荐进入仕途，但都没遇到什么机会。他早年的诗歌，大量是关于自己悲守穷庐、怀才不遇的感慨。

例如在《苦雪四首》中有这样的诗句："寥落一室中，怅然惭百龄""故交久不见，鸟雀投吾庐""赖兹尊中酒，终日聊自过"。意思是：自己穷得连个朋友都没有，在空荡荡的屋里独自感叹岁月如梭、人生易老，每日只有檐下鸟雀和杯中之酒为伴，日子真够寂寞无聊的。

其实这也不足为奇。在我们常说的李白、杜甫、孟浩然、王维、高适、岑参这唐六家当中，仅有王维和岑参运气比较好，在三十岁之前就考中进士。其他几位都是蹉跎半生，谋不到一官半职。

唐代虽然实行了科举制度，但是科举的道路非常窄，每科只录取二三十人，而且往往需要有人推荐才行。高适认识的人不少，但都不是什么重要人物。读他的诗集我们可以发现，他五十岁前所结交的朋友绝大多数为布衣、隐士和"少府""参军""兵曹"等下级官吏。唐人习惯称县尉（多为九品官）为"少府"，高适写给"少府"的诗特别多。什么李少府、梁少府、王少府、颜少府……好像这人间的少府都被他认识了。

他在《酬李少府》一诗中很直接地说："君若登青云，吾当投魏阙。"意思是如果哪天你平步青云了，我一定来投奔你。

但很显然，这些少府们都指望不上。

除了科举之外，唐代还有门荫制度，五品以上官员的子孙可以由门荫入仕。按说以高适祖父的官阶，当然有资格选一个子孙充入弘文馆或崇文馆，然后通过简单考试就可以授官。不过三品官只能荫一人，高家把这个机会给了高适的堂兄高琛——大概因为高琛是长房长孙。

不过他还是有资格充当国子学的学生。唐代国子学有学生三百人，为三品以上文武官员的子孙。但当时对国子生的学业要求比弘文、崇文生要高得多，一般需要经过四五年的刻苦学习，方能通过考试。考试通过后，可通过两种方式入仕：一是参加进士、明经考试，及第者可以授官；二是参加吏部铨选，但不一定能立即授官。

对这条路，高适也没有兴趣。与他同时代的殷璠在《河岳英灵集》里说高适"耻预常科"，就是说他不屑于走考进士、明经的常道。

这和李白的选择很相似。李白的父亲是商人，或许是因为受此家庭背景所限，李白不能参加科举，而高适则是根本没兴趣参加科举。

开元十年（722年），二十岁的高适西游长安，首次探寻求仕之途，结果一无所获。他在《别韦参军》一诗中感叹道："二十解书剑，西游长安城。举头望君门，屈指取公卿……白璧皆言赐近臣，布衣不得干明主！归来洛阳无负郭，东过梁宋非吾土。"言语中的失望之情自不必提，对皇帝任人唯亲、布衣之士无由得进的政治现实也非常不满。

宁堪作吏风尘下

直到天宝八载（749年），高适已经四十七岁了，他生命中的春天才姗姗来迟。

这一年,他得到宋州刺史张九皋和监察御史颜真卿的举荐,参加了在长安举行的有道科考试。这是制举,不是常科。这一次李林甫没有再搞什么"野无遗贤"的把戏。高适的成绩不错,顺利及第,但李林甫还是打心眼里不喜欢高适这种文化人,仅仅给了他一个小小的封丘县尉之职。县尉,相当于现在的公安局长兼税务局长,主管捕盗、征税等事宜。

高适认识那么多"少府",终于自己也做了"少府"。这当然不是他理想的职位。但他赴任前,还是给李林甫留了一首赞美诗——《留上李右相》。在诗中,他把李林甫比作傅说、萧何一样的贤相,说他是朝廷的柱石,还赞美李林甫懂音律、善绘画,多才多艺,最后又表达了对任命自己为封丘尉的感恩之情。

要问这首诗写得有多违心,看他到封丘之后的诗作就明白了。高适在封丘写了一首著名的《封丘县》,描写自己做县尉时的心情:

我本渔樵孟诸野,一生自是悠悠者。
乍可狂歌草泽中,宁堪作吏风尘下?
只言小邑无所为,公门百事皆有期。
拜迎长官心欲碎,鞭挞黎庶令人悲。
归来向家问妻子,举家尽笑今如此。
生事应须南亩田,世情尽付东流水。

梦想旧山安在哉，为衔君命且迟回。

乃知梅福徒为尔，转忆陶潜归去来。

全诗语言朴素，平白如话，直抒胸臆。其中"拜迎长官心欲碎，鞭挞黎庶令人悲"两句，写得凝练传神，历来为人们所传颂。

从这首诗的描述来看，高适内心的纠结非比一般。

他原本无官一身轻，虽然生计困难但也悠然自得。小小的封丘县尉每日不仅要按时上下班，还要摧眉折腰拜迎长官，还要鞭挞百姓催征粮食，这些都不是他想要的生活。他想要辞官归去，又担心一家老小生计无着，而且会辜负皇帝的圣意。

天宝十载冬天，高适出了一趟差，任务是送一些本地招募的新兵到青夷军入伍。青夷军属于范阳节度使统辖的九军之一，驻地在今天的河北怀来县东南。这次出差让他对幽州的情况有了更深入的了解，也坚定了他弃官从军的决心。

在出差的途中，高适写了几首诗，除了描绘边地征戍之苦，也对安禄山在蓟北骄横跋扈、妄启边衅、视士兵生命如草芥的暴虐行为进行了揭露。

如《答侯少府》中有这么几句："北使经大寒，关山饶苦辛。边兵若刍狗，战骨成埃尘。行矣勿复言，归欤伤我神。"意思是说出差到蓟北，所到之处天气极其寒冷，守边的战士们真的很辛苦。他们就像刍狗一样不被人怜惜，随时都有可能战死沙场，变成一堆白骨。

刍狗是古代祭祀时用草扎成的狗，祭祀完了就没什么用了，往往被人随手扔掉。高适到蓟北的这年秋天，安禄山为了邀宠，谎称契丹酋长欲叛，率六万大军出塞，结果大败而归，仅二十多骑逃回。安禄山向朝廷隐瞒了败绩，可怜几万年轻士兵的性命，就这样轻易葬送，如同尘埃。

"行矣勿复言，归欤伤我神。"高适自知位卑言轻，多说无益，也没人听，只好黯然返程。

第二年春天，高适回到封丘不久就弃官了。秋天的时候，他已经身在长安。

在长安，他遇见了数年前一起畅游梁园的老朋友杜甫，以及年前刚从安西回来的岑参。三人相约一起登慈恩寺塔览胜，同行的还有储光羲和薛据。

慈恩寺塔又名大雁塔，原有五层，后来倾倒。武则天及王公筹钱重建到十层，后遭兵火只剩下七层，通高有近七十米，是长安城中仅有的几座高层建筑。

这是一个秋风凌烈的午后，雁塔高标，直入青云。登塔远眺，但见秦川清旷、五陵苍郁，如此佳景激发了五位诗人的雅兴。他们每人赋诗一首，以作当日集会之纪念。薛据诗今已不存，岑参和储光羲单是写景，结尾缀以佛家语。杜甫则想得有点多，从眼前景色一直写到社会政治之昏暗，内心颇多忧虑。其中"秦山忽破碎，泾渭不可求"两句，被很多人认为是对天下将乱的预言。这也难怪，杜甫本身是一个爱操心的人，何况他已经在长安困顿五六年，经历过种种不公，见识过许多腐化与堕落，难免多了一些忧患之思。

高适的诗则颇为清简，全诗大部分写登高所见所感，结尾落在自己有志难伸、报国无门的感慨上来。"盛时惭阮步，末宦知周防。"生于盛世，却像阮籍一样窘迫，做过九品县尉，自然能体会汉代周防做小吏时的辛酸。

其实，当日同登大雁塔的五人当中，岑参和杜甫也都处于待业状态。杜甫一直没有做过官，岑参则是一年前刚从安西都护府返回长安闲居。但高适时年已经五十岁，是三人中年龄最大的，上天留给他的时间不多了。《旧唐书》记载高适"喜言王霸大略，务功名"。也就是说他并非像杜甫那样是一个"奉儒守官"的传统文人，他更喜欢谈论王霸之业，他的功名心也比别人都强一些。所以他对自己年过半百却依然无路投效的窘境，也就更敏感一些。

雁塔登眺之后，高适告别友人，动身往河西去了。在河西，他经朋友推荐，见到了陇右兼河西节度使哥舒翰。哥舒翰很欣赏他，表奏他为左骁卫兵曹参军，充使府掌书记。

左骁卫兵曹参军的官阶是从八品下，但掌书记的工作在节度使府中作用却很大，主要负责文书表奏，是沟通藩镇与中央的重要文职僚佐。这个职位成了高适日后飞黄腾达的起点。六年之后，高适官至正三品御史大夫。能有这么快的升迁速度，当然要感谢哥舒翰了。

第六章　哥舒翰：青海无传箭

北斗七星高

《唐诗三百首》里有一首民歌：《哥舒歌》。这首诗没有明确作者，一般选本署名都是"西鄙人"，意思是西方边境的老百姓：

北斗七星高，哥舒夜带刀。至今窥牧马，不敢过临洮。

这首民歌写得雄浑有力，联想奇特，清代的沈德潜说它与北朝民歌《敕勒歌》一样，浑然天成，犹如天籁之音，不可以用平常的标准去评判它。诗中歌颂的就是盛唐一代名将哥舒翰，说他威名远扬，使得吐蕃虽然想趁南下牧马之际劫掠唐朝，却不敢越过临洮。

开元、天宝时期，唐朝边疆地区出现了很多著名将领，哥舒翰是其中最负盛名的一位。李白、杜甫、高适、储光羲等很多人都曾写诗赞扬其盖世奇功，高适更是直接跟随哥舒翰工作过几年。

作为哥舒翰的僚佐,高适对哥舒翰称赞最多。流传最广的是《九曲词》,写于哥舒翰收复黄河九曲之后。

其一:

许国从来彻庙堂,连年不为在坛场。
将军天上封侯印,御史台中异姓王。

其二:

万骑争歌杨柳春,千场对舞绣骐驎。
到处尽逢欢洽事,相看总是太平人。

其三:

铁骑横行铁岭头,西看逻逤取封侯。
青海只今将饮马,黄河不用更防秋。

第一首前两句写哥舒翰以身许国,心意通于朝廷,而且连年工作并不是为了封坛拜将的个人利益。三四句写朝廷封哥舒翰为凉国公、西平郡王。

第二、三首大致写哥舒翰收复九曲之地,青海湖也重归大唐,唐人再也不用担心吐蕃进犯,再也不用每年秋天调遣大量军队到西边布防了。大唐举国上下,到处都是喜气洋洋的景象,人人都很高兴,感觉天下太平了。

李白在天宝八载(749年)写有一首《答王十二寒夜独酌有怀》,挺长的一首诗,大致写自己的落寞不得意。其中有两句写道:"君不能狸膏金距学斗鸡,坐令鼻息吹虹霓。君不能学哥舒,横行青海夜带刀,西屠石堡取紫袍。"把哥舒翰和斗鸡走狗、阿谀奉承之徒放在一起,似乎对哥舒翰的赫赫战功并不以为然。

然而几年之后,李白又对哥舒翰拍起马屁来,在《述德兼陈情上哥舒大夫》一诗中对哥舒翰大唱赞歌,称他为天降之英才,深谋远虑、英武豪迈。为了衬托哥舒翰,把卫青、白起都贬得一文不值。这首诗现在只存残篇,仅有八句,写得实在肉麻。不过古人投赠当权高官的诗大都如此风格,看多了就习惯了。

天宝十三载(754年),杜甫曾写过一首《投赠哥舒开府翰二十韵》,虽然通篇是颂扬之词,但对仗工整,读起来朗朗上口。全诗太长,只摘前几句试读:

今代麒麟阁,何人第一功。君王自神武,驾驭必英雄。
开府当朝杰,论兵迈古风。先锋百胜在,略地两隅空。
青海无传箭,天山早挂弓。

诗中所提的麒麟阁,是汉代的功勋阁。开府指朝廷授哥舒翰的官爵:开府仪同三司。传箭是军队发兵时所用的信号。

杜甫在这里夸赞哥舒翰是武功天下第一的真英雄，但这些话不可轻信。杜甫一生对战争极其厌恶，对哥舒翰其实也多有批评。

例如在《兵车行》里，杜甫说："去时里正与裹头，归来头白还戍边。边庭流血成海水，武皇开边意未已。"很多人认为这是在批判玄宗对吐蕃频繁用兵，不顾人民疾苦。虽然诗中没有点哥舒翰的名字，但当时跟吐蕃作战的直接领导人就是哥舒翰。

另外还有三首诗提到并明确批评了哥舒翰。

一是《送高三十五书记》，其中有几句："崆峒小麦熟，且愿休王师。请公问主将，焉用穷荒为？"

高三十五就是高适，当时担任河西节度使哥舒翰府中的掌书记。杜甫的意思是，崆峒山的小麦熟了，应该让战士们离开战场去收庄稼。你跟哥舒将军说一说，放着好好的日子不过，去攻占边疆那些贫瘠荒凉的地方干吗？

另一首是著名的《潼关吏》。写作这首诗的当时，哥舒翰已经被史朝义杀害了。杜甫路过潼关，和守关的小吏聊天，末了跟小吏说："请嘱防关将，慎勿学哥舒。"批评哥舒翰两年前决策失误，没能守住潼关。

还有一组诗《喜闻盗贼蕃寇总退口号五首》，写在大历二年（767年）。杜甫听说吐蕃退兵并遣使与朝廷修好，很高兴，就写了此诗议论。彼时哥舒翰已经死了十年了，杜甫还念念不忘地批评他：

赞普多教使入秦,数通和好止烟尘。
朝廷忽用哥舒将,杀伐虚悲公主亲。

诗中建议朝廷维护好与吐蕃的关系,别再任用哥舒翰这样爱打仗的将军。战争一起,之前公主和亲的种种辛苦努力也就白费了。

哥舒翰到底做了什么,惹得众多人对他议论不休呢?

石堡岩高万丈

哥舒翰本人也算半个诗人。他曾写过一首《破阵乐》,不过史籍不载,只在敦煌经卷里能看到:

西戎最沐恩深,犬羊违背生心。
神将驱兵出塞,横行海畔生擒。
石堡岩高万丈,雕窠霞外千寻。
一喝尽属唐国,将知应合天心。

这是一首六言体诗,比较少见。虽然比不上王昌龄、高适等大家手笔,但也工整豪迈,颇有气象。

史籍记载哥舒翰爱读《左氏春秋》和《汉书》,听起来有点像关羽,而他的战功远远大过关羽。只可惜没有罗贯中一样的人去演绎他的故事。另外他在潼关战败后的表现实在令人失望，所以他的名气就差了很多。

哥舒翰的父亲是突厥人，母亲是于阗王之女。他的祖父哥舒沮，曾任左清道率，属四品武官。父亲哥舒道元担任过安西都护府的副都护、赤水军使。哥舒翰家境殷实，为人豪爽、仗义疏财、义气重诺，但由于喜欢饮酒赌博，所以年轻时一直无甚作为。

哥舒翰四十岁时，父亲去世了，他在长安客居三年，整日无所事事。后来遭到长安尉鄙视，他一怒之下就跑到河西从军了。

哥舒翰到河西后，在节度使王倕帐下任职。当时唐朝和吐蕃关系十分紧张，屡有冲突。哥舒翰英勇善战，在新城（今青海门源）之战中立了功，王倕便把新城交给他管理。他治军严厉，为人疏财重义，将士们都慑服于他。

天宝五载（746年），王忠嗣兼任河西节度使。他很快发现了哥舒翰的才干，提升哥舒翰为衙将，后又提为大斗军副使。

次年，吐蕃骚扰边境，哥舒翰率军与吐蕃军战于苦拔海。吐蕃军分成三个梯队，从山上依次冲下。哥舒翰的长枪折断了，便持半截枪迎击，连破三路吐蕃军，所向披靡。经此一役，哥舒翰声名大振，被朝廷擢授右武卫员外将军，充陇右节度副使、都知关西兵马使、河源军使。河源军是陇右节度使所统诸军之一，驻地在今青海西宁。兵马使、军使皆是节度使下属军官。

当时每年麦熟之季，吐蕃便出动大批兵马至积石军（驻所在今青海的贵德等地）抢收粮食。吐蕃军声势浩大，加上出没不定，唐军守将无人能够防御，边地人称这些地方为"吐蕃麦庄"，意思是说这些地方虽然是唐朝人在种麦子，但麦子熟后总要被吐蕃人抢去，等于唐朝人在替吐蕃人种麦子。

哥舒翰就任河源军使后，决心改变这种不利的状况。他事先派部将王难得、杨景晖等率兵马至东南谷设伏。天宝六载（747年）七月，吐蕃果然派出五千骑兵前来抢收麦子。哥舒翰趁吐蕃军立足未稳，亲率精锐兵马从城中杀出。吐蕃军猝不及防，匆忙迎战，结果死伤过半，大败而逃。逃至东南谷时，王难得、杨景晖等伏兵四起，一举将其全歼，无一人逃脱。从此以后，吐蕃军队再不敢来抢麦子了。

唐军接连取胜，让玄宗有点忘乎所以了，他命令王忠嗣去攻打战略要地石堡城。

石堡城在今青海湟源西南，原是唐朝领土，属鄯州西平郡鄯城县，后来在金城公主和亲之时被吐蕃骗去。开元十七年（729年），唐军夺回此地，并在此筑城置军。开元二十九年（741年）又被吐蕃夺回，成了吐蕃的战略要地，每次攻唐，吐蕃都以此为前沿阵地。天宝四载（745年），唐军曾再攻石堡城，但是失败了。由于屡攻不克，便成了玄宗的一块心病。

石堡城依山而建，地势极为险要，易守难攻，只有一条山道通往城中。吐蕃称此城为铁刃城，从名字上就可以想见其坚固。哥舒翰所作的《破阵乐》中也写了"石堡岩高万丈"。

要攻克此城，肯定要付出极大的代价。王忠嗣一向主张持重安边，不愿轻易开战。他跟玄宗说石堡城很险固，吐蕃派了重兵守卫，要想拿下它，恐怕要死几万人才行，得不偿失，不如先养精蓄锐，等待时机再取。

王忠嗣的态度让玄宗很不满。十月，玄宗派将军董延光攻打石堡城，令王忠嗣配合。王忠嗣不得已出军，配合不怎么积极。董延光到期未能攻克石堡城，便将责任推到王忠嗣身上。宰相李林甫也一直嫉妒王忠嗣功名太盛，便趁机诬陷王忠嗣欲奉迎太子，把王忠嗣牵连进韦坚案。玄宗大怒，将王忠嗣召回朝审问。玄宗又久闻哥舒翰大名，便把哥舒翰也征回朝。

哥舒翰入朝时，有人劝他多拿一些金帛，托人营救王忠嗣。哥舒翰说："如果这世上正气尚存，王公必不会含冤而死。如果世间真的没了正义，多行贿赂又有什么用呢？"于是只身背了一个包就入朝了。

十一月，玄宗在华清宫召见哥舒翰，二人谈得非常投机。哥舒翰的才能令玄宗十分欣赏，便决定用哥舒翰接替王忠嗣，担任陇右节度使。

不久，王忠嗣被判死刑，哥舒翰听到这一消息，非常吃惊。他坚持认为王忠嗣是冤枉的，并请求用自己的官爵来赎王忠嗣的罪。玄宗起初不听，走入内宫，哥舒翰便随在他身后一直叩头恳求，言词慷慨，声泪俱下地为王忠嗣申冤。

玄宗看到哥舒翰赤诚之心出自肺腑，也怀疑王忠嗣是冤枉的，于是免除王忠嗣死罪，将其贬为汉阳太守。

经过这件事，朝廷上下都对哥舒翰称赞不已。哥舒翰不但救了王忠嗣之命，还赢得了极好的口碑。

哥舒翰任节度使后，为了迎合玄宗好大喜功的脾性，又接连立了几个大功。

他先在青海湖修筑了神威城，该城正好在吐蕃军近前，对其造成巨大的威胁。吐蕃调集兵马夺取城池，被哥舒翰击败。随后哥舒翰又在湖心的龙驹岛——就是现在青海湖中的海心山，修建一座应龙城，与神威城互相策应。从此吐蕃军不敢再犯，唐军改变了以往消极防御的局面，掌握了战事的主动权。

玄宗看到哥舒翰如此威猛，又忍不住开始念叨他的心病——石堡城。

天宝八载（749年）六月，哥舒翰奉命攻打石堡城，恰如王忠嗣所估计的，死伤了数万人，才终于拿下这座坚固的堡垒。从伤亡人数上看，确实得不偿失，很多人因此对哥舒翰石堡城之战颇多非议。但从战略上看，唐军拿下石堡城之后，河西、陇右的防卫力量大为加强，进一步压缩了吐蕃的国境，唐军在河陇战场上的优势也更为明显。

哥舒翰的《破阵乐》大概就写于攻克石堡城之后不久，看得出他自己对此战也很得意。

玄宗除去多年的一块心病，自然很开心，授哥舒翰鸿胪员外卿，加摄御史大夫。天宝十一载（752年），又授哥舒翰开府仪同三司。

开府仪同三司,这个官名有点啰唆。它不是一个实际的职务,只是一种待遇,一般只授予有功劳的大臣。开府,指可以自置幕府、自主征辟僚属。仪同三司指可以享受同三公——司徒、司马、司空——一样的高级待遇。

天宝十一载冬天,哥舒翰、安禄山相继入朝。哥舒翰一直很轻视安禄山,玄宗也知道二人有矛盾,就想趁此机会让二人言和。他派高力士在城东驸马崔惠童的园林里设宴招待两人。

席间,安禄山对哥舒翰说:"我父亲是胡人,母亲是突厥人。您父亲是突厥人,母亲是胡人。咱俩正是同胞,应该相亲相爱吧?"

哥舒翰回答说:"古人云:野狐向窟嗥,不祥,以其忘本也。敢不尽心焉!"

安禄山听见"狐"字,以为哥舒翰讥讽他是胡人,怒骂道:"你这突厥佬怎么敢如此说话!"

哥舒翰正准备起身回骂,发现高力士向他使眼色,这才作罢,于是托醉离席。从此二人关系更加恶劣。

哥舒翰那句话并没有辱骂安禄山的意思。《礼记》有云:"狐死正丘首,仁也。"意思是说,狐狸死时头向着它洞穴所在的山丘,不忘本,所以可以称"仁"。哥舒翰引用的那句话,更有可能是突厥族的谚语,原话是:"狐狸朝着自己的洞穴嗥叫,会患癫疮。"往往用来批评那些背弃自己国家、亲族或城市的人。哥舒翰其实是在向安禄山示好,表示不会忘记自己突厥和胡人混血的身份。哥舒翰喜欢读史书,也喜欢掉些书袋,可惜安禄山是个没文化的,一听见"狐"字便怒不可遏。

天宝十二载(753年)五月,哥舒翰率兵一举收复唐朝属地洪济城(今青海贵德县西)和大漠门城(今青海共和县东南等地方),并收复全部九曲部落,夺取了吐蕃东进的后勤基地,予吐蕃以沉重打击。

至此,唐蕃两国的分界线向西推进到青海湖至黄河河曲以西一线。唐在河陇战场上已占明显优势。同时,在西域战场,唐军在高仙芝、封常清的率领下,也捷报频传,唐在对吐蕃的战争中取得全面胜利。唐朝国力也在这段时间发展到了顶峰。《资治通鉴》记载当时中国之强盛,自长安安远门往西,至唐朝边境有一万二千里。一路上商旅往来,客馆相望,桑麻遍野。当时西域气候比现在湿润,农作物长得茂盛,哥舒翰所在的陇右地区尤为富庶。

哥舒翰收复九曲之后,在当地设置洮阳、浇河二郡及宛秀、神策二军。其中神策军后来成为唐政府中央军的主力,不仅多次在吐蕃入侵时护卫朝廷,而且在平叛、镇压农民起义时也发挥了重要作用。

天宝十二载五月,杨国忠为了拉拢哥舒翰共同对付安禄山,遂向玄宗举荐哥舒翰兼任河西节度使,进封凉国公,食实封三百户。八月三十日,又进封哥舒翰为西平郡王。哥舒翰功勋之卓著、官爵之显赫,达到了其人生巅峰。

哥舒翰青年时期就嗜酒如命，功成名就后，更是酒色相伴，因而身虚。天宝十四载（755年）二月，哥舒翰入朝，行至土门军时，泡了个热水澡，不料中风，昏迷良久方才苏醒。勉强入京之后，只能在家闭门养病，几乎成了废人。

如果哥舒翰的人生就这样结束，也还算圆满。可偏偏这一年，安禄山竟然造反了。

第七章 安禄山：大军北集燕

主将位益崇

安禄山生于703年，比李白、王维小一岁。他生在辽宁朝阳一带，当时叫作营州。父亲是个胡人，很早就死了，母亲是个突厥族的巫婆，后来嫁给了一个姓安的突厥人。

安禄山人很聪明，通晓好几种少数民族的语言，年轻时候在边境的贸易市场上做牙郎，就是中介，练出了察言观色的本领。

开元二十年（732年），安禄山三十岁，因为偷羊被人捉住，带到范阳节度使张守珪面前。张守珪下令用棒子把他打死。安禄山大声喊道："大人您不是要扫灭奚和契丹吗？怎么还要杀壮士呢？"

张守珪看他长得又高又大，像是个能打仗的人，就下令放了他，把他留在部队里担任捉生将——专门负责捉敌人的活口，类似于现在的特种侦察兵。和他一起担任捉生将的，还有一个突厥人，叫史思明。

安禄山是个很有计谋的人，对当地的山川地形也比较熟悉，所以交代给他的任务总能顺利完成。有一次他带了三五个人出去，居然活捉了几十个契丹族人回来。张守珪发现他有才干，就提拔他做了一员偏将。后来又收为养子，进一步提拔他做衙前讨击使。

总之，在安禄山三十岁那年，命运之神突然特别眷顾他。他从一个将死的盗窃犯，一跃成为节度使身边的重要人物。

开元二十四年（736年），安禄山在作战中轻敌失利。张守珪把安禄山绑到了京城，奏请朝廷按律斩首，但玄宗赦免了他。安禄山又逃过一劫。

张九龄不久就被奸相李林甫排挤出朝廷，而安禄山却靠着溜须拍马，一步步高升起来。

开元二十八年（740年），玄宗在平卢设置节度，安禄山被升为平卢军兵马使，成为节度使之下最高的将官。第二年，朝廷派了一个叫张利贞的人为河北采访使，考察河北地区的工作。张利贞到了平卢，安禄山巧言谄媚，又拿出很多金银绸缎贿赂他。张利贞回到朝廷后，向玄宗说了很多安禄山的好话。很快安禄山就升任平卢节度使，成为地方最高的军政长官，领兵三万多人。

天宝二年（743年），安禄山四十岁，他第一次以节度使的身份入朝汇报工作。他向玄宗表忠心说："我要是不走正道，对您不忠，就让虫子把我的心都吃掉。"玄宗听了很开心。第二年张守珪因犯错被贬，玄宗让安禄山兼任了范阳节度使的工作。这一下，安禄山成了两大藩镇的节度使，领兵九万多人。

除了玄宗的宠爱之外，李林甫的私心对安禄山的快速升迁也大有帮助。李林甫对稍有功绩的大臣，只要不顺附于自己，都十分讨厌。这一方面是源于自卑，另一方面是源于极强的控制欲。他本人没什么文化，所以十分忌惮那些有文化的大臣，特别是在外领兵打仗的文臣。因为按照唐朝的惯例，文臣在外带兵立功之后，往往都会拜相。李林甫想独揽大权，就必须杜绝这个现象。

他对玄宗说："以陛下之雄才大略，且国家富强，之所以未能扫灭周边番族，是因为任用文臣为将的结果。文人大都胆怯，不如武臣勇敢，而武臣中，又以番将最勇猛。番将自幼生于马上，惯于阵仗，打仗是他们的天性。文人往往出身大族世家，喜欢结党，而番将大多出身寒微，不会结党。"

玄宗一听，觉得很有道理，从此大量提拔番将。天宝年间的许多名将，如李光弼、哥舒翰、高仙芝、仆固怀恩都是番将，不过他们都没安禄山会讨玄宗开心。

有一次，玄宗让安禄山见太子。安禄山见到太子却不参拜，左右人指责他。他说："我不太懂朝廷的礼仪，不知道皇太子是什么官？"玄宗说："是将来的皇上，我去世之后，皇位就是他的了。"安禄山说："我太愚蠢，只知道陛下您，不知道太子，罪该万死。"说完才向太子拜了两拜。

没文化有没文化的好处，就是拍马屁的时候自己不会觉得肉麻。安禄山就是这种人。安禄山知道杨贵妃很受玄宗宠爱，便主动给杨贵妃做儿子。可笑的是，玄宗居然答应了。

从此以后，安禄山每次见到玄宗和贵妃，都先拜贵妃，然后再拜玄宗。玄宗很奇怪，安禄山解释说："我们胡人都是先母后父。"这当然让玄宗觉得他很耿直。

自从做了节度使，安禄山便越来越胖。据说他自己称了一下，居然有三百斤，肚子大得垂过膝盖。骑马时，总要在马鞍之前再放个小鞍，用来托住他的大肚子。

他这么胖，一般的马都驮不动他。他的马都是手下人从市场上精挑细选，高价买回来的。即便如此，他骑马时总要骑一段换一匹，不然那马就得累死。不过，他虽然很胖，据说跳起胡旋舞来竟转得飞快。

有一次，玄宗问他："你肚子那么大，里面都装的啥？"他说："没啥东西，只有一颗对皇上的赤诚忠心。"这么肉麻的话，玄宗听起来却很开心。

天宝九载（750年），玄宗封安禄山为东平郡王。边将封王，在唐朝历史上还是第一次。当年八月，玄宗又任命安禄山为河北道采访处置使。采访处置使有时又称处置使，或采访使，职权很重，具有罢免州刺史的权力。除了变革旧制须奏请朝廷获得许可，其他事情都可自行处理，先行后奏。这样，河北地区的官员管辖权就归了安禄山。

第二年，玄宗又任命安禄山兼任河东节度使。河东就是现在的山西地区。由此，安禄山身兼平卢、范阳、河东三镇节度使和河北道的处置使。整个山西、北京、天津、辽宁，以及河北大部分，山东、河南的一部分，基本都归了安禄山管辖。他总共统辖了近二十万兵马,约占全国总兵力的二分之一,而且都是惯于打仗的精兵强将。

安禄山生性残忍、奸诈多谋,经常引诱已经归附的奚、契丹人聚会,在酒中下毒毒死他们,动辄数十人。然后把其中首领的头割下来送到长安,谎称打了胜仗。

天宝十载(751年),安禄山大举讨伐契丹。他派使者去向奚人请求联合,奚人派了两千精骑兵一起出征。安禄山率步骑兵昼夜兼行三百余里,契丹没有防备,看见唐奚联军,惊慌失措,乱成一团。不巧的是天降大雨,弓弩都被淋湿没法使用。大将何思德说:"我军疲惫,不如等一等再战。只要我们列好阵势威胁契丹,不出三日他们一定投降。"安禄山大怒,欲斩何思德,何思德连忙求说自己愿意做先锋死战。

何思德长得和安禄山很相似,契丹人看见了纷纷举枪射箭,向他杀来。不一会儿何思德就被射得千疮百孔。契丹人以为安禄山已死,士气大涨。更糟糕的是,同来的奚族骑兵叛变了,与契丹人一起夹攻安禄山。安禄山大败,仅以二十骑突围而走。

第二年,安禄山又率步骑兵二十万直入契丹,欲报去年之仇。但因为约定一起出征的朔方节度副使阿布思与他有矛盾,突然率众走归漠北,所以安禄山只好放弃了进军计划。

天宝末年,诗人储光羲路过河北,写过《效古》二首,其中说:"大军北集燕,天子西居镐。妇人役州县,丁男事征讨。"镐,指的是长安。看到安禄山在幽州地区集结了那么多大军，连年征战，百姓苦于劳役，而天子远在长安，对这一切并不知情，储光羲深深地为天下形势感到忧虑，以至于夜不能寐。不过他当时只是翰林供奉，并没有向皇帝进谏的机会。

阿布思后来被回纥打败，安禄山诱降了阿布思的众多部下，实力大增，所拥精兵几乎无敌于天下。有了这么多军队撑腰，又有玄宗的宠爱，安禄山难免越来越骄傲，渐渐地就有了不臣之心。

气骄凌上都

安禄山一直很害怕李林甫，觉得李林甫精于算计，比自己聪明多倍。每次向李林甫汇报工作，他都会紧张得汗流浃背。有时派下属去汇报工作，他也很紧张，下属回来后他都会问："十郎怎么说？"十郎就是李林甫，唐人习惯以排行称呼人。如果下属回答说李林甫很满意，他就会高兴得手舞足蹈；如果下属说"相公让您好自为之"，他就会紧张得手脚发抖，反复说："我死矣！我死矣！"

李林甫死后，安禄山觉得脑门上少了个紧箍咒。接替李林甫掌权的是杨国忠，安禄山很瞧不起小混混出身的杨国忠。偏偏杨国忠也很不喜欢他，总是跟玄宗讲：安禄山要谋反。

玄宗不信，他觉得安禄山忠厚老实，自己又对他极为恩宠,他必不会造反。但经不住杨国忠反复讲,就派人去察看。派去的人接受了安禄山的贿赂,回来都说安禄山忠心耿耿,没有问题,玄宗便愈发信任安禄山。

杨国忠又对玄宗说:"召他进京,他若无反心,自会前来;如果有反心,一定不会来。"玄宗就下令召见安禄山。安禄山居然来了。

天宝十三载(754年)正月,安禄山到华清宫拜见玄宗,乘机哭诉说:"我是胡人,不识汉字,皇上越级提拔我,对我的恩宠超乎常人,以致遭到杨国忠的嫉妒。他现在想要谋害我,我怕是活不久了。"玄宗安慰他,又授予他尚书左仆射之职,并赏赐财物无数。

安禄山返回范阳时,玄宗亲自送他到长安城北的望春亭,并解下自己的衣服赐给安禄山。安禄山惊惧地不敢说话,以为玄宗对他有所怀疑,很怕半路上再被召回,于是疾驰出关。到淇门后,乘船顺流而下,所过州县俱不停留,令沿途船夫持绳牵引,日行三四百里回到范阳。

三月,玄宗想加安禄山宰相之职。杨国忠反对说:"安禄山不识字,让他做了宰相,恐怕四方的民族都会笑话我们中国。"玄宗只好作罢。

从此以后,如果再有人说安禄山会反,玄宗或将其囚于牢狱,或直接绑了送到安禄山面前。

杜甫在天宝末年写过《后出塞》五首,其中有几句说:"主将位益崇,气骄凌上都。边人不敢议,议者死路衢。"说的就是这件事。

天宝十四载（755年）五月，安禄山派遣副将何千年来长安上表，奏请以番将三十二人代替汉将。宰相杨国忠和韦见素都认为这是安禄山确实要谋反的证据了。二人去见玄宗，还未说话，玄宗先说："你们是怀疑安禄山要谋反吧？"

杨国忠垂泪陈述安禄山的种种谋反迹象。玄宗说："姑且再容他一次，我慢慢再考虑怎么解决。"

杨国忠再见玄宗时，总是不厌其烦地说安禄山要谋反。他给玄宗建议道："陛下可以下诏拜安禄山为宰相，以此名义诏他来朝廷，然后派其他人担任范阳、平卢及河东节度使。"玄宗同意了，派人准备诏书。

诏书还未发出，玄宗先派太监辅璆琳赴范阳给安禄山送柑橘。辅璆琳接受了安禄山的贿赂，回来说安禄山并无反状。玄宗于是坚信安禄山不会反，把之前写好的诏书也烧了。

但是杨国忠坚持安禄山一定会反。他秘密派人搜集安禄山不轨的证据，搜查安禄山在长安的住宅，并逮捕了安禄山在长安的几名亲信，在御史台秘密审讯后杀死。他如此打草惊蛇，目的十分明显，就是要激怒安禄山，让他早点谋反，以在玄宗面前证明自己的判断是正确的。

安禄山在朝廷里有很多眼线，杨国忠的所作所为，他都一清二楚，心里自然也十分忧虑。事情发展到这个地步，安禄山即便不想谋反也不可能了。就算玄宗信任他，杨国忠也不会放过他。他怕玄宗早晚会听信了杨国忠，突然对自己下手。

七月，安禄山奏请献良马三千匹，每匹配两个牵马人，并令番将二十二人押送三百车的财物献给朝廷，每车配车夫三人。这么算下来，连人带马有七千人。这哪里是要献良马给皇帝，分明是要派骑兵进长安啊！

河南尹达奚珣得知此事，上奏说不能答应安禄山，可以下诏让安禄山把马交出来，由政府出人力运至长安。至于三百车的财物，可以等冬天时分批运来。

玄宗这才稍稍醒悟，他派太监冯承威去范阳宣旨，说是给安禄山新修了一处温泉，请安禄山十月进京。同时又按照达奚珣的建议，下旨让安禄山把所献马匹交由政府运送。

安禄山看到诏书，回奏说："马先不献了，等十月份我亲自送过去。"

冯承威回来后，哭奏道："臣差点就不能活着回来了！安禄山听说臣去宣旨，居然坐在床上不起来，只简单问候圣上是否安稳，然后令左右送臣住在别馆。等了好几日，他才终于肯放臣回来。"

玄宗又为安禄山在长安的儿子安庆宗赐婚，请安禄山来长安参加婚礼。安禄山仍然不肯来。

到了十月份，安禄山并没有进京，玄宗照例去华清池泡温泉。

十一月十五日，忽然有太原的骑兵来报告说，安禄山反了。

玄宗不信。但是很快，朔方军也派人报告了相同的消息。接着，河北平原郡的太守颜真卿也派人报告安禄山反了。

玄宗这才相信：安禄山真的反了！

第二部分　飙风乍起

第八章　胡马犯潼关

将军初得罪

开元、天宝年间,边镇的节度使往往在冬季或初春时节返回长安述职。天宝十四载(755年)的冬天,封常清循例进京朝见皇帝。

十一月十六日,也就是安禄山于范阳起兵的第七天,封常清在骊山华清宫见到了玄宗。玄宗向封常清询问平叛方略,封常清胸有成竹地说:"臣请求立刻前往东都,开府库,募骁勇,扬鞭奋马,北渡黄河。相信用不了几天,定能将逆胡之首献于阙下!"

玄宗闻言大喜,随即任命封常清为范阳、平卢节度使,即刻前往东都,组织防御。封常清来到东都洛阳,十来天的时间就招募了六万人。

二十一日,玄宗返回长安,又任命荣王李琬挂名元帅,右金吾大将军高仙芝为副元帅,率军东征,作为封常清的后援部队。玄宗拿出内府的钱帛,在京师募兵,计划招募十一万,但只招来五万,其中大多是游手好闲的市井子弟。

十二月一日，高仙芝带着这五万人出发了。部队出潼关，临时驻扎在陕郡，也就是今天河南三门峡市陕县。这时玄宗又派太监边令诚到高仙芝军中做监军。

高仙芝从长安出发的第二天，安禄山的部队也从灵昌郡（今河南安阳滑县）渡过了黄河，直逼陈留郡（今河南开封）。叛军势大，陈留军民人心惶惶，无心守城。三日之后，陈留郡太守郭纳献城投降。叛军转而西向，望洛阳而来。

封常清此时已经从洛阳出发。他本打算北渡黄河与安禄山交战，没想到叛军行动如此之快，便在荥阳西边的武牢关驻扎，很快与叛军接战。

叛军都是久习阵战的骑兵，而封常清招募的六万人则是未经训练的新兵。两军甫一接触，唐军就溃不成军，虎牢关很快失守。封常清整顿余众，西撤至一个叫葵园的地方，利用一批来自中亚的粟特族战士抵抗了一阵，但仍不能阻挡叛军精骑的进攻。唐军退至洛阳外城继续抵抗，结果又败。

十二月十二日，叛军攻入洛阳，大肆烧杀抢掠。封常清退至陕郡，与高仙芝合兵。封常清说："我军累日血战，贼军兵锋正盛，不可当。且潼关现在无兵把守，若贼军狂奔突袭，一旦突破潼关，则京师危矣。比较稳妥的办法，是放弃陕郡，急保潼关。"

陕郡在洛阳与潼关之间，无险可守，高仙芝在陕郡只是临时驻扎。按照朝廷既定的作战计划，高仙芝应该自陕郡继续东进，主动迎击叛军。但目前看来，继续东进的结果只能是羊入虎口，自寻死路！而且，封常清分析得很正确，一旦潼关失守，长安就很难保住了。

高仙芝接受了封常清的建议，决定避敌锋芒，退保潼关，伺机再战。

当时军情危急，形势变化很快。高仙芝来不及向朝廷奏报，当即率部向潼关方向撤退，他们前脚刚刚出了陕郡西门，叛军后脚就杀到了。官军猝不及防，被叛军打得狼狈不堪，人人争相逃命。高仙芝、封常清二人带着残部仓皇退入潼关，命人抢修防御工事，等到叛军前锋进抵潼关时，发现官军已经严阵以待，方才悻悻退去。

封常清军败，导致东都沦陷。他自知死罪，就准备到长安面见皇帝请罪，希望能当面陈述敌情，以备参考。走到渭南时，玄宗下诏令他返回潼关，以白衣身份在高仙芝军前效力。唐代普通老百姓只许穿未染色的白衣，高仙芝则让封常清穿上黑衣，监左右部军。

然而，高仙芝和封常清无论如何也不会想到，就在他们进入潼关的那一刻，监军宦官边令诚悄悄离开了潼关，向长安狂奔而去。他要去玄宗面前打小报告。

边令诚和高仙芝是老相识。当年高仙芝远征小勃律取得奇功，却遭到顶头上司夫蒙灵詧的忌恨，要治他的罪，多亏了边令诚密奏玄宗替他说话，才转危为安，并升职做了安西节度使。后来边令诚因私情几次求助高仙芝，高仙芝不应，边令诚由此对高仙芝多有恚怨。此次东征，两人之间也多有矛盾。

边令诚见到玄宗后,极力夸张封常清和高仙芝的战败责任,说:"封常清夸大贼军力量,动摇军心。高仙芝擅自放弃陕郡数百里土地,又盗减军士的粮食和赏赐。"

高、封二人放弃陕郡,退保潼关,从军事角度来看,并没有错,可要从政治上讲,他们无疑犯下了三宗死罪。第一宗:不战而逃,丢城弃地;第二宗:擅自行动,目无朝廷;第三宗:违背玄宗旨意,破坏东征计划。

总之,东都失陷,既定的计划完全失效,在玄宗看来,高、封二人实属罪无可赦!被满腔怒火灼烧的玄宗丧失了理智,当即颁下一道敕令,命边令诚立刻前往潼关,将高仙芝和封常清就地斩首!

边令诚赶到潼关军中,高仙芝不在,他就请封常清到驿馆南边的西街上,宣旨斩首。

封常清早有赴死的准备了。他把提前写好的一道奏表交给边令诚,让他转呈玄宗,然后遥望长安,平静地说了最后一句话:"常清之所以不战死,是不忍心让贼人的手污染了国家的旗帜,不想死在逆贼手里,长了他们的威风。我讨伐逆贼失败,死也甘心!"于是从容就死。

封常清在遗表中说:"臣作为败军之将,蒙皇上恕罪让臣继续效力,臣诚欢诚喜。臣之所以想回到长安,其实不是为了苟活,而是想当面陈述破贼的计划,以酬万死之恩,以报一生之宠。臣刚刚与逆胡接战,所率都是市井之徒、乌合之众,但依然能杀敌塞路,血流满野。臣本想挺身刃下,死节军前,但恐长了逆胡的威风,挫了王师的锐气。所以臣才想返回长安,把自己的命交给陛下。一则期望陛下斩臣于都市之下,以警示其他诸将;二则期望陛下能问臣以逆贼之形势,以提醒其他诸军;三则期望陛下知臣非惜死之徒,允许臣坦露忠心。臣很快就要死了,陛下可能以为臣犯了死罪之后在说胡话,也可能以为臣是一片赤心,以肝胆呈献陛下。不管怎样,希望陛下不要轻视此贼,不要忘了臣言。"

封常清被斩后,尸体陈于席上。待到高仙芝回营,边令诚带上一百多名陌刀手,找到高仙芝宣读圣旨。

高仙芝跪地听完圣旨,立刻被绑赴刑场。在刑场看到封常清的尸身,高仙芝大声对边令诚说:"我遇敌而退,死是应该的。但说我盗减军粮和赏赐,则是诬陷我也!今上戴天,下履地,士兵都在这里,难道足下不知吗?"

说完,他对士兵们说:"我于京城中招募诸位儿郎,虽得了一些物资,但装束都未能凑足。本打算与大家击破贼军,然后再领取高官重赏,不料贼军势大难当,才引军至此,其实是打算固守潼关。我若实有盗减军粮和赏赐的行为,你们便说是事实;我若实在没有做过此事,你们当为我说声冤枉。"周围将士们便发出了惊天动地的喊冤声。

但是边令诚不为所动。高仙芝知道事情已经无可挽回,看着封常清的尸体,悲痛地说:"封二,你从一个普通人升到如此高位,是我提拔你做了我的判官,后来你又代我为节度使。今日我又与你同死于此,这难道是天意吗?"说完之后,慷慨而死。

国命悬哥舒

高仙芝和封常清死后,防守潼关的重任交给谁,便成了一个大问题。玄宗想来想去,忽然想起了哥舒翰。

哥舒翰于去年二月入京,半道突然中风,到长安后一直躺在家中养病。哥舒翰威名远播,既能鼓舞士气,又能威慑敌军,而且哥舒翰一向瞧不起安禄山,可以放心使用。玄宗决定起用他为兵马副元帅,领兵八万讨伐安禄山。

哥舒翰知道自己的身体已不适合领军作战,于是坚决推辞。但玄宗坚持不准,加封哥舒翰为左仆射、同中书门下平章事,就是提升他做宰相了。又将从河陇、朔方等边镇调集来的兵马,以及高仙芝的旧部,统归哥舒翰指挥,号称二十万,进驻潼关。同时还令各地四面进兵,会攻洛阳。

哥舒翰到潼关后,因重病在身,难以处理日常军务,就把很多事情委托给行军司马田良丘代理。田良丘缺少威望,不敢专断,便请大将王思礼主管骑兵、李承光主管步兵。但王、李争执不和,难以配合,全军号令不一。加上哥舒翰统兵用法严而不恤,士卒皆懈弛,没有斗志。

哥舒翰没有精力统管军队,却有精力报了一个私仇:陷害安思顺。

安思顺是安禄山的堂兄,曾在河西任大斗军使。当时哥舒翰任大斗军副使,虽然安思顺是他的顶头上司,但哥舒翰非常讨厌安思顺,两人多有矛盾。

安思顺后来调任朔方节度使,在安禄山造反之前,他已经得到了一些消息,便借入朝奏事之机向玄宗报告。安禄山起兵后,因为安思顺先有奏报,玄宗对他并未加罪,只是改任他为户部尚书。

哥舒翰大权在握后,伪造了一封安禄山写给安思顺的信,让人假装送信,然后在潼关城门口抓住此人,献给朝廷。同时还列举了安思顺的七条罪状,请求玄宗处死安思顺。

三月初三,安思顺和他的弟弟太仆卿安元贞,都因私通叛军罪名被处死,家人被流放岭南。

这件事情吓坏了杨国忠。杨国忠心知安思顺是冤枉的,但朝廷现在倚仗着哥舒翰,他也救不了安思顺。杨国忠见哥舒翰对自己构成了极大的威胁,从此开始畏惧起来。

安禄山起兵是以讨杨国忠为名,所以当时人们都以为,安禄山叛乱是杨国忠骄横放纵所致,无不对杨国忠切齿痛恨。大将王思礼就暗中劝哥舒翰:"安禄山起兵反叛,是打着诛杀杨国忠的旗号。大人您若留兵三万守潼关,领其他精锐部队回长安,诛杀杨国忠,就像汉朝杀晁错以阻止七国之乱那样,则安禄山师出无名,就很难成功了。大人觉得何如?"

哥舒翰也有此意，但又说："如果这样，那就是我哥舒翰造反，而不是安禄山造反了。"

就在犹豫不决之间，消息传到杨国忠那里。有人对杨国忠说："今朝廷重兵尽在哥舒翰手中，他若挥旗西指，杨公您岂不是很危险了吗？"

杨国忠听后大惊，便想再组建一支军队，以防不测。他对玄宗说："兵法说'安不忘危'。今潼关兵众虽多，但京师无防卫之兵，万一潼关军队失利，京师能不危险吗？请皇上于监牧中再选三千名年轻人，在禁苑中加以训练，以防不测。"

玄宗对杨国忠言听计从，让他立即去办。杨国忠迅速招募三千士兵，日夜训练，由他的亲信剑南将军李福、刘光庭分别统领。但还是不放心，又奏请招募一万人屯兵灞上，由心腹将领杜乾运统领，名义上是抵御叛军，实际上却是为了防备哥舒翰。

哥舒翰知道杨国忠的部署是针对自己，心里也害怕遭其暗算，决定先下手为强。于是奏请将驻扎在灞上的军队归潼关指挥部统一指挥。

六月初一，哥舒翰以商讨军情为由，将杜乾运召到潼关，随后将其斩首，吞并了灞上军队。

杨国忠得到这一消息，愈发恐慌，对儿子说："我恐怕也快要死了！"而哥舒翰同样终日不安，害怕杨国忠阴谋对己不利。将相二人就这么彼此猜忌，矛盾已经公开化了。

哀哉桃林战

就在这段时间，战场的形势发生了变化。河北道的平原太守颜真卿、常山太守颜杲卿等，率军民奋起抗击叛军，河北十七郡相继响应。河东节度使李光弼与朔方节度使郭子仪，先后率军出井陉，进入河北，在九门（今河北藁城西北）、嘉山（今河北曲阳县东）等地，接连大败叛军史思明部，切断了叛军前线与范阳老巢之间的交通线。叛军向东的攻势又被张巡、鲁炅阻于雍丘（今河南杞县），向南则被阻挡在南阳、邓州一带。安禄山前进不得，后方又受到威胁，军心动摇，打算放弃洛阳撤回范阳。战争形势出现了有利于唐军的转机。

哥舒翰虽然老迈，但还是很有战斗经验的。他知道安禄山铁骑十分厉害，唐军难与争锋，所以进驻潼关后，立即加固城防，利用潼关险要的有利地形，深沟高垒，闭关固守。天宝十五载（756年）正月十一日，安禄山派他的儿子安庆绪率兵攻打潼关，被哥舒翰击退。之后叛军主力一直阻于潼关之下，徘徊半年之久，无法西进。

安禄山见强攻不行，便命崔乾祐率四千名老弱病残的部队屯于陕郡，将精锐部队隐蔽起来，想诱使哥舒翰弃险出战。但哥舒翰不为所动，他多次向玄宗上言："安禄山虽窃取了河朔地区，但不得人心，请陛下持重以待其弊。等到他们自己将士离心之际，我们就可剪灭他，不必死伤士卒而擒此寇贼。"

五月,玄宗接到情报,说叛将崔乾祐在陕郡"兵不满四千,皆羸弱无备"。加上郭子仪、李光弼也从河北连续送来捷报,玄宗很是兴奋,他高估了战局的好转,下令哥舒翰出兵,收复陕、洛地区。玄宗还为此算了一卦,卦相显示:"贼人无备,可图也。"

哥舒翰接到命令大惊,立即上书玄宗:"安禄山久习用兵,必不会不做防备,这个情报肯定是他的阴谋诡计。而且贼兵远来,利在速战。今王师已占据有利地形,利在坚守,不宜轻易出战。若轻易出关,就会中了他们的圈套。恳请再观察观察形势。"

哥舒翰与之前高仙芝、封常清二人的观点基本上是一样的,都主张坚守潼关,然后引朔方军北取范阳,夺取叛军巢穴,促使叛军从内部崩溃。

这个观点在当时是切实可行的。不仅哥舒翰,就连身处河东前线的朔方军主将郭子仪、李光弼也持相同观点。他们在奏书中也说:"哥舒翰已经老病,贼人也知道他身体不好。而且哥舒翰所统诸军都是乌合之众,不能战斗。如今叛军的精锐部队都在南边洛阳、南阳一带,幽州空虚,我军直捣其老巢,捉住幽州的叛贼以招诱其他逆贼,则安禄山的首级自然可得。若王师出潼关,一旦失败,京师与国家就都危险了。"

但是,杨国忠却怀疑哥舒翰还在有意谋害自己,对玄宗说:"贼军现在正无防备,而哥舒翰逗留不前,恐怕要错失良机了。"玄宗轻信了杨国忠的谗言,连续派遣多名使者,催促哥舒翰赶紧出战。

迫于玄宗的压力,哥舒翰痛哭一场,于六月初四领兵出关,驻扎在河南灵宝西原(今河南灵宝市西)。

六月初七,哥舒翰与叛军崔乾祐部在灵宝一带相遇。灵宝南面靠山,北临黄河,中间是一条七十里长的狭窄山道。崔乾祐预先把精兵埋伏在南面山上等待唐军。

六月初八,叛军与唐军决战。哥舒翰与田良丘乘船在黄河中观察军情,见崔乾祐兵少,就指挥大军前进。崔乾祐出兵不到一万,三五成群,稀稀拉拉,队伍有疏有密,士兵有前有后,官军看见后都大笑叛军不会用兵。而崔乾祐却把精兵摆在阵后。

两军一交战,叛军便偃旗息鼓,假装败逃,官军长驱直进,结果被诱进狭窄的隘路。之后叛军伏兵突起,居高临下,从山上投下滚木礌石,唐军士卒拥挤于隘道,兵力难以展开,死伤甚众。哥舒翰急令毡车在前面冲击,企图打开一条通路。此时正值午后,东风劲吹,叛军纵火焚烧草车堵塞通道,使唐军无法前进。唐军被烟雾和火焰眯住眼睛,看不清目标,以为叛军在浓烟中,便乱发弩箭,直到日落时箭矢射尽,才知中计。

这时,崔乾祐命同罗精骑从南面山谷迂回到官军背后杀出。唐军腹背受敌,乱作一团,有的弃甲逃入山谷,有的被挤入黄河淹死,号叫声响彻天地,一片惨状。后军见前军大败,亦不战自溃。

黄河北岸的唐军见势不利,也纷纷溃散。潼关城外有三条堑壕,均宽二丈,深一丈。逃回的人马坠落沟中,很快就将沟填满,后面的人踏着尸体才得以通过。哥舒翰只带数百骑人马逃脱,从首阳山西面渡过黄河,进入潼关。唐军将近二十万军队出关,逃回潼关的只有八千余人。

哥舒翰逃到关西驿站后,张贴告示,收集残兵败将,想重新守卫潼关。不久崔乾祐率兵进攻潼关。唐军番将火拔归仁等见大势已去,便暗中商议挟持哥舒翰投降安禄山。他们带百余骑围住驿站,进去对哥舒翰说:"贼兵至矣,请公上马。"哥舒翰上马后,他们拥着哥舒翰要出关,哥舒翰问他们准备干吗?

火拔归仁说:"相公您以二十万众,一日而全军覆没,这样还怎么能回去呢?您没见高仙芝是怎么死的吗?"

哥舒翰说:"我宁愿像高仙芝一样以死殉国。你们快放了我。"火拔归仁不从,绑着哥舒翰投降了叛军。

安禄山见到哥舒翰,奚落他说:"你常看不起我,今天何如?"

哥舒翰这时候居然认怂了,他俯伏谢罪:"陛下您是拨乱反正之主。如今天下未平,李光弼、来瑱等人尚在负隅顽抗,臣愿为陛下写信招降他们。"

安禄山大喜,即授予他司空、同中书门下平章事之职。

然后下令把火拔归仁绑住斩了,说:"你背主忘义,我不能容你。"

哥舒翰写信招降诸将,诸将都回信指责他不能以死报国。安禄山知道哥舒翰没什么用处了,就把他囚禁起来。

第九章　高适：拥旄出淮甸

哥舒翰兵败被俘的消息传到南阳后，正在南阳协助防守的高适坐不住了。他当时的职务是左拾遗兼监察御史，并不指挥军事。他觉得有必要立即面见皇帝陈述战略，便赶紧启程前往长安。还没等到长安，便听说玄宗已经弃城西逃，准备入蜀。玄宗走的是陈仓道，高适从骆谷（今陕西周至县西南）抄近道直追。一路上快马加鞭，终于在河池（今甘肃徽县）追上玄宗的车驾。

见到玄宗，高适分析了老上司哥舒翰兵败的原因。他说："哥舒翰向来忠义，但是他身患重病，所以不如以往那样英明果断了。而监军李大宜不体恤军卒，整日只知道喝酒娱乐，军卒饭都吃不饱，想让他们奋勇作战，怎么可能呢？现在南阳地方各将领已经有了皇帝的授命，但军中也都另派有监军掣肘，如果战事一起，能打胜仗吗？这些情况我之前都曾向宰相杨国忠说过，但是他不肯听，导致今日陛下被迫西行，陛下也不必深以为耻。"

玄宗觉得高适说得非常有道理，夸赞他一番。后来又提升他为侍御史、谏议大夫。

七月十二日，太子李亨在灵武登基，改元至德，遥尊玄宗为太上皇。不过玄宗当时并不知道，他一边逃跑，一边还在忙着部署平叛战略。七月十五日，玄宗到达普安郡（治所在今四川剑阁县），听从房琯的建议，诏令诸子分领各镇节度使。高适进谏说不可，但是玄宗不听。

一个月之后，灵武派来的使者终于到达成都（当时称益州），把肃宗即位的事情报告玄宗。据说玄宗很高兴，说："我儿上顺天心，下应民意，承继大统，组织平叛，我没有后顾之忧了。"他最后一次以皇帝身份召集身边大臣，命韦见素、房琯等人，带传国玉玺和宝册等到灵武传位。

既然肃宗已经在北方即位，高适继续留在成都侍奉太上皇，似乎没什么大用了。但不久，江南地区出了乱子。刚刚被玄宗任命为山南东路、岭南、黔中、江南西路四道节度使兼江陵郡大都督的永王李璘，不顾肃宗命令，坚持率军东下，欲占据扬州。这个重大变故终于给了高适发达的机会。

李璘原名李泽，是玄宗的第十六子，在很小的时候母亲便不在了，由其异母兄李亨——就是后来的肃宗亲自抚养。李亨常常把他抱在怀中同睡，对他感情很深。李璘长大后，聪明好学，但容貌很丑，还是个歪脖子，总是没法正面看人。

开元十三年（725年），李璘受封为永王；开元十五年（727年），遥领荆州大都督；开元二十年（732年）七月，又加开府仪同三司。可见玄宗很喜欢他。

安禄山造反后，玄宗任命李璘为山南节度使，但只是遥领，并未出镇。潼关失陷后，李璘跟随玄宗逃往蜀地。

行至普安郡后，玄宗诏令诸子分领天下节度使，李璘因此赴镇江陵（今湖北荆州市）。

九月，李璘到达江陵，招募数万勇士为兵，任意补设郎官、御史等官职。这时，玄宗又从蜀中发来第二道命令，任命李璘为江淮兵马都督、扬州节度大使。

当时河南一带为叛军所据，道路不通，江淮地区所征收的租赋山积于江陵，李璘都收为己用，每日耗费巨大。李璘从小长于深宫之中，不懂人间世事。其子襄城王李偒勇武有力，喜好用兵，李璘身边还有薛镠、李台卿、韦子春等人为谋士。这些人都认为，当今天下大乱，只有南方富有，未遭破坏，李璘手握四道重兵，疆土数千里，应该占据金陵（今南京），保有江东，像东晋王朝那样占据一方，以窥伺天下。

十二月，李璘率水军沿江东下，直逼扬州。

其实肃宗早在此前就察觉出了异样，下敕让李璘前往蜀地朝见玄宗。李璘不听。

也许是高适向玄宗进谏的事情被肃宗听说了，肃宗便召来高适一同商讨对策。

高适来到灵武，向肃宗陈述江东的形势，并分析说李璘必败。肃宗听了很高兴，当即任命高适为御史大夫、淮南节度使、扬州大都督府长史，管辖广陵（治所在今江苏扬州市）等十二郡。又任命来瑱为淮南西道节度使，管辖汝南（治所在今河南汝南县）等五郡，让他和高适与江东节度使韦陟联手,共同对付李璘。

就这样,从天宝十一载(752年)初秋到河西算起,短短四年间,高适从一个九品的左骁卫兵曹参军,一路升至正三品的封疆大员。连《旧唐书》的编撰者也忍不住感叹:"有唐以来,诗人之显达者,唯有高适而已。"

高适领命之后即刻启程,还没过淮河,先写信给永王帐下的诸位将领,让他们认清形势,离开永王,各求清白。过淮河之后,高适与来瑱、韦陟会师于安陆(今湖北安陆市)。韦陟说:"如今中原尚未恢复,而江淮局势又开始动摇,人心安危,全看我们几位了。如果我们不立盟发誓以昭示四方,让大家都知道我们是一条心,事情就很难办成。"于是三人率众登坛誓师,言辞慷慨,血泪俱下,三军将士也都感激流泪。

至德二载(757年)正月,高适到达扬州,写了一道谢表给肃宗,表达自己剪灭凶逆、报效朝廷的坚定信念。

当时驻守扬州北方的是河南节度使贺兰进明,贺兰进明写了一首诗赠给高适,高适也写诗回赠,诗中写道:"秉钺知恩重,临戎觉命轻。"意思是受命领兵之后,自然要把朝廷的信任和恩宠放在首位,以国家为重,至于个人身家性命,都不算什么了。

看来高适抱着必死的决心要和永王叛军战斗了。他可能不知道,就在长江对岸,永王的帐中,有一位他的好朋友——名满天下的前翰林待诏、大诗人李白。

第十章　杜甫：国破山河在

浊醪慰沈浮

潼关失陷时，杜甫在同州白水县观望时局。

去年冬天，他从长安回奉先省亲，很快听说安禄山叛变的消息。紧接着，东都失陷，高仙芝、封常清被斩首，朝廷派遣哥舒翰驻守潼关。形势变化如此之快，令人震惊。不过奉先县地处偏僻，小小的县城气氛还算安宁。新年马上来临，大家还是照样过年。过完年，又听说安禄山在洛阳称帝了，国号大燕，自称雄武皇帝。这消息真是令人心烦。

就这么烦闷着，正月就过完了。

正月三十日这天，杜甫起得有点晚。古人把每个月的最后一天称为晦日。正月三十日作为一年的第一个晦日，被人们当作节日来过，会搞点庆祝活动，例如郊游、扫除、喝酒聚会等。

杜甫这天醒来，天已经大亮了。阳光照进屋内，洒在他的旧皮衣上。他起身向外看了下，感觉空气中隐约已经有了些暖意，不那么寒冷了。想起今日是晦日，一个人未免冷清，于是决定去找好友崔戢和李封聚一聚。他不嫌麻烦地解开头发,仔细梳了梳头,然后拄着拐杖出门了。

　　李封和崔戢是杜甫刚结识的朋友,三人志趣相投,关系很好。杜甫常常去他们各自家里喝酒。李封园子里种了一片竹子,苍翠的绿竹在初春季节很惹眼。杜甫进门时,李封正在打扫房屋,看到杜甫来,就让他先等一等。杜甫站在一旁看着他很快打扫完毕,又收拾些礼品,两人一同到了崔戢家里。崔戢准备好了饭菜,拿出酒壶晃了晃,很不好意思地说,这点酒怕不够咱们今天喝呀。

　　喝起酒来,自然会聊起时事。东都失陷之后,朝廷官军和叛军相持潼关。河北诸郡在平原太守颜真卿的组织下纷纷反水,严重扰乱了叛军的军事计划。但战争何时能结束,谁也说不清。眼看春耕将至,家里的农具也该修理修理了。如果像上古时代一样,民风淳朴,百姓安居乐业,那该多好。想来那时一定不会像如今这样的世道,烽烟四起、生灵涂炭。

　　三人议论起朝廷局势,更觉忧虑。宰相杨国忠只是个无才无德的无赖小人,除了会敛财,对安禄山其实毫无办法。自从张九龄离开之后,在近二十年里,朝廷几乎就再没出现过贤能之士。政治腐败,天下人心不安,也难怪安禄山会起兵谋反了。

　　三人议论半天,自知人微言轻,无法为皇帝分忧。想起战火中遭殃的百姓,杜甫的眼泪几欲流出。幸好还有杯中物聊以慰藉,杜甫只好借酒浇愁了。

　　正月之后,杜甫返回长安。长安的形势依然紧张,他观望了几个月,决定还是回奉先,安顿好家小再做打算。奉先之北，紧挨着同州白水县，杜甫有位舅舅崔十九翁在此做县尉。杜甫决定先到舅父那里住一段。

这时候已经是夏天了。崔十九翁在高斋置酒，备上雕胡饭，宴请杜甫。高斋风景秀丽，时有飞鸟往返，长风来伴。杜甫感慨，舅舅等人官职虽小，但隐居在此穷僻之地，倒也逍遥似神仙。

白水县距离潼关有二百里之遥，杜甫眺望南方，竟也看到官军的兵马如云雾般，漫山遍野地经过。这也许只是杜甫的想象，他实在是太忧心前方的局势了。不过杜甫觉得安禄山并非强敌。他认为安禄山之所以能迅速占领洛阳，完全是朝廷决策者防备不力造成的。他希望朝廷上下能吸取教训，早日收复洛阳，将士们能解甲还乡。

显然，杜甫高估了朝中君臣的决策能力。潼关之战的结果让他失望了。

城春草木深

潼关失陷当天，朝廷就得到消息了。自战事开始以来，潼关与长安之间每日都有平安火。每到初夜时分，由潼关向长安，沿途会顺序燃起烽火，以示平安。天宝十五载（756年）六月初八这天，哥舒翰在灵宝战败，立即遣部下往长安告急。当晚平安火没有照常燃起，玄宗立刻心慌起来，连忙召集宰相商议对策。

宰相们的意见是，出逃。杨国忠提议车驾出长安，巡幸四川。四川属于剑南道，杨国忠原本从四川起家，剑南可谓杨国忠的老巢，此时他还兼任着剑南道节度使。他当然更愿意往四川跑。四川本身也具备有利条件，北有秦岭阻隔，仅有几条小道沟通蜀地与关中，易守难攻，便于阻挡叛军追击。

六月十三日黎明，玄宗率领太子、贵妃等人悄悄出逃。次日，众人来到长安西边一百里外的马嵬驿，禁军首领陈玄礼和大太监李辅国密谋要杀掉杨国忠。他们向太子请示，太子和杨国忠早有矛盾，便默许了他们的行为。

于是陈玄礼鼓动禁军，杀死了杨国忠及其儿子户部侍郎杨暄，还有贵妃的姐姐秦国夫人、韩国夫人。虢国夫人逃跑了，后来也被捉住杀掉。

陈玄礼向玄宗禀报说："杨国忠谋反被杀，贵妃不宜再陪侍陛下左右了。"玄宗知道众怒难犯，只好忍痛把贵妃交由高力士缢死。

第二天，队伍正要出发，路旁忽然出现无数百姓，跪请玄宗留下。玄宗不愿久留，令太子留下抚慰百姓，自己先骑马而去。百姓拉住太子的马不肯让他走。

太子的第三个儿子建宁王李倓说："如今逆胡犯阙，四海分崩，如果不顺从百姓的意愿，何以兴复唐室呢？如果殿下与至尊一起入蜀，贼兵烧毁栈道，那么散关以东的广大地区，就等于拱手送给了贼人，不再是我们的了。到时人心向背不可复合，想再回来，可就没机会了。不如把西北守边的部队抽调回来，把郭子仪、李光弼的军队也从河北调来，合力讨贼，收复两京，迎回至尊，这才是大孝啊。何必非要朝夕陪侍，做儿女之恋呢？"

玄宗久等太子不至，派人查看，使者回来报告众人挽留太子的情况。玄宗没办法，只好分一部分兵力给太子，让太子留下。

太子由是摆脱玄宗的控制，留在北方，开始独立领导平叛战争。

七月十二日，太子李亨在朔方军所在的宁夏灵武登基，改年号为至德元载，史称唐肃宗。

玄宗的出逃让安禄山很意外，他没料到玄宗这么快就放弃了长安。安禄山觉得大事已成，就有些懈怠了。他没有着急追击玄宗，而是在十多天后，才不慌不忙地占领了长安。

此时杜甫正带着家人从白水县往北逃亡，路过陕北鄜州（今陕西富县）的时候，听说肃宗登基的消息，当即决定把家小暂时安顿在鄜州，只身前往灵武投奔肃宗。不料，半路被叛军捉住，裹挟到了长安。好在他只是个八品的胄曹参军，叛军没把他当回事儿，他在长安还是可以自由行动的。

杜甫在长安待了八九个月，才终于找到机会离开。在这期间，他写了几首著名的诗，其中以《春望》和《月夜》最为知名，其次是《哀王孙》和《哀江头》。这四首诗都被蘅塘退士选入《唐诗三百首》。

《哀王孙》记述长安城沦陷百日之后，杜甫在路边遇到一个年轻人。虽然对方不肯告知姓名，但是杜甫从他的相貌和腰间所佩玉玦上，判断他一定是位皇族子孙。玄宗是趁着夜色悄悄出逃的，文武臣僚和居住在宫外的王孙公主大多来不及跟从。叛军入城后，安禄山下令诛杀了皇室子孙一百多人。

杜甫遇见的这位王孙侥幸存活，却衣衫褴褛，穷困至极，只能在路旁哭泣，向行人乞求为奴。杜甫伫立片刻，也不敢与他多攀谈，只提醒他小心保重身体，并告诉他，肃宗已经即位，各路援军正在集结，听说回纥的精锐骑兵也将参与平叛，鼓励他要树立信心，然后就离开了。

第二年春天，杜甫一个人来到曲江畔。往年的春天，长安城里上自王公贵族，下至黎民百姓，都会到曲江游玩。可如今家国破碎，山河易色，曲江的景色也大不同于往日，江头宫殿千门锁闭，徒留细柳新蒲无人观赏。杜甫曾见识过玄宗与杨氏兄妹等人畅游曲江时旌旗蔽日的盛景，他还把所见所闻写成一首诗《丽人行》，诗中讽刺了杨氏兄妹极度奢华的宴游场景。如今贵妃身死马嵬，玄宗远避西蜀，生死茫茫两相隔，只剩江花独自盛开，江水兀自东流。

杜甫是个敦厚的人，虽然对杨贵妃生前有很多讥讽，但对于贵妃的死，他是很同情的。在《哀江头》这首诗里，他仔细描绘了贵妃当年陪侍玄宗游猎欢乐的场景，然后悲叹道："明眸皓齿今何在？血污游魂归不得。清渭东流剑阁深，去住彼此无消息。人生有情泪沾臆，江水江花岂终极？"

挥涕恋行在

至德二载（757 年）二月初十，肃宗自灵武到达凤翔，诏升凤翔郡为凤翔府，改雍县为凤翔县。此时陇右、河西、安西等地的勤王之师已在凤翔会师，江淮地区的庸调绢也不断转运到洋川（治所在今陕西洋县）、汉中。长安虽仍掌握在叛军手中，但自去年夏天以来，关中地区的军民就不断掀起反抗行动，叛军的势力基本被压缩在长安周围，无力扩展。如今听说肃宗御驾将至，沦陷区里顿时民心大振，从长安偷逃出来投奔朝廷的人络绎不绝。

四月间，有一个人悄悄从长安潜逃，几日风餐露宿，终于来到了凤翔。他身形瘦削，蓬头垢面，脚蹬麻鞋，衣衫破烂，袖子的破洞处还露着两个胳膊肘。

这个人就是杜甫。这一年他四十六岁，看上去却有五十多岁。他原本去年六月就打算到灵武投奔肃宗，不幸半道上被叛军捉住，带到了长安。因为不是什么重要人物，叛军不怎么在意他，所以他才能顺利逃出长安。

此时他的妻子和儿女尚寄居在鄜州三川县的亲友家里，但他觉得国家危难之际，自己更应该到皇帝身边去。肃宗此时正处在用人之际，见到杜甫如此忠心，自然很感动，拜他为左拾遗。

左拾遗虽只是个小官，但能经常伴随皇帝左右，不是两年前的胄曹参军可比。杜甫得此重用非常感激，涕泪交下，写下一首《述怀》，细数自己的流离之苦，并抒发对山河破碎的忧伤和对家人的思念："涕泪授拾遗，流离主恩厚。柴门虽得去，未忍即开口。寄书问三川，不知家在否。比闻同罹祸，杀戮到鸡狗。"杜甫新蒙厚恩，不忍告假，但对家人的思念是止不住的。他听说鄜州也遭战乱，很多地方被杀得鸡犬不留，很是担心家人的安全。

杜甫有一副善于推己及人的仁者心肠，他虽然挂念自己的家人，却很快就想到还有众多遭受苦难的人，于是接下来写："山中漏茅屋，谁复依户牖？摧颓苍松根，地冷骨未朽。几人全性命？尽室岂相偶？嵚岑猛虎场，郁结回我首。"他遥想山中破漏的房屋里，不知有多少人已经死去，又不知有几人能保全性命，几人能和亲人相伴为偶？中原大地已成虎狼噬人的凶险之地。他越想越忧虑，反而害怕收到来自家乡的消息："自寄一封书，今已十月后。反畏消息来，寸心亦何有？"也许，没有消息就是好消息吧！

好在大唐中兴有望，杜甫在忧虑之余，还是有所安慰的："汉运初中兴，生平老耽酒。沉思欢会处，恐作穷独叟。"他甚至开始自我检讨，国运刚刚开始中兴，自己却总是沉迷于饮酒，是时候改正了。他相信叛乱一定会被平息，希望将来在举国欢庆的时候，自己也能和家人团聚，而不是一个人孤苦伶仃。

《述怀》一诗写得非常朴实，然旨意婉转深厚，在一唱三叹的曲折迂回中，杜甫于家人、于百姓之温挚深情，于国家、于皇帝之忠贞赤诚,一一洒落纸上。清人李子德说,此诗好比司马迁叙事,越到难处,反而越写得好。其忠厚之意,缠绵笔端。这种真性真情,不是一般人能企及的。

全诗读下来,虽然颇多忧虑,但整体还是充满希望的。尤其是落笔处关于耽酒的自我检讨,似乎表明杜甫正准备在仕途上大展宏图。然而好景不长,仅仅几十天后,杜甫就得罪皇帝,差点被治了重罪。

至德二载五月,宰相房琯的门客董庭兰倚仗房琯之势,强行索贿,被宪司弹劾。房琯为之辩解,肃宗一怒之下,罢房琯为太子少师。这就是有名的"房琯事件"。

杜甫上疏为房琯辩护,说了两个理由。一是房琯乃前朝宰相之子,是大家公认的醇儒,有大臣体,罢免他有失众望。二是门客贪贿为小罪,不宜因小罪罢免大臣。

他这么说是就事论事,讲得不无道理。但肃宗听了更生气,下诏三司推问,就是令大理寺、刑部和御史台三部门的负责人联合审理杜甫,要治他的罪。

杜甫来凤翔刚一个月,他可能无法理解肃宗为何生这么大气。他不知道,其实肃宗对房琯的怨怒已经积聚很久了。

房琯是则天朝宰相房融的儿子,历任校书郎、卢氏县令、监察御史、宜春太守、刑部侍郎等职,做官期间兴利除害,素有重名。安禄山曾经推荐过他,但是不被玄宗重用。

天宝十五载(756年,七月改至德元载)六月潼关失守后,玄宗仓皇西逃,房琯独自到普安郡谒见玄宗,并提出让诸王子分镇各地领兵讨贼。玄宗采纳了他的建议，并拜房琯为吏部尚书、同平章事，担任宰相。

七月，太子李亨在灵武即位后，玄宗派遣房琯与左相韦见素、门下侍郎崔涣等前往灵武传位。肃宗早就听说房琯的大名，就重用房琯，凡军机大事都与他商议。

不久，房琯请求亲自带兵收复京都，肃宗便以他为招讨西京兼防蒲、潼两关的兵马节度使，令他与郭子仪、李光弼商讨如何进兵。房琯请求自选参佐，所选的成员多是从未打过仗的儒生。

十一月二十一日，唐军与叛军在咸阳东边的陈涛斜拉开战幕。房琯在监军宦官的不断催促下，匆忙出战。战术上采用古代兵车之法，驱二千辆牛车，骑兵步兵夹车进攻。叛军大声鼓噪，牛群受惊四散，又顺风纵火，致使官军人畜惨败，将士死伤四万多人，只有数千人幸存。

二十三日，房琯带军与叛军在离陈涛斜不远的青坂再次交战，又败。此时杜甫尚在长安城里，看到叛军得胜之后唱着胡歌返回长安市中喝酒，兵器上尚有斑斑血迹，忍痛写下《悲陈陶》《悲青坂》两首诗，纪念此事。

在《悲青坂》的最后，杜甫说："焉得附书与我军，忍待明年莫仓卒。"可见，杜甫对肃宗及房琯急于收复两京和仓促用兵，是持批评态度的。

史书说房琯迂阔，带兵不行，为政也不知变通。至德元载十月，第五琦在彭原（今甘肃宁县）觐见肃宗，提出把江淮的租庸换成便于携带的货物，溯长江、汉水运到汉中，再转运到扶风（凤翔）作为军饷。肃宗觉得建议很好，便命第五琦为江淮租庸使。

房琯却阻止说："以前杨国忠聚敛财富，天下怨恨。陛下刚刚即位，百姓还没有看见您的德政，现在又让第五琦收敛财物，这和当年太上皇任用杨国忠有什么区别呢？"

肃宗说："现在战争时期，形势紧急，没有军饷，军心就散了。你不喜欢第五琦可以，但是你说说，去哪里能找到钱？"房琯无言以对。

后来事实证明，当陇右、河西、安西诸军会集凤翔时，正是从江淮运来的庸调物资保证了军需供给，为日后官军收复长安奠定了物资基础。

另外，至德二载正月，永王李璘不顾肃宗的诏命，擅自引兵东下扬州，直接威胁到肃宗的权力基础。虽然永王很快兵败，但这件事造成了极恶劣的影响：首先使肃宗有了兄弟相残的罪名，其次造成了唐军极大的内耗，还加深了肃宗与太上皇之间的矛盾。

肃宗一开始并不知道这事和房琯有什么关系。北海太守贺兰进明与房琯素来不睦，他悄悄告诉肃宗，当初提出让诸王子分镇各地领兵的，正是房琯。贺兰进明说："西晋任用王衍为宰相，崇尚浮华，以致中原沦丧。陛下中兴社稷，应任用贤才。房琯生性虚浮，好说大话，不是宰相之才。而且房琯在成都辅佐太上皇时，让诸王掌兵权，居重藩，而把陛下安置在边远之地，这是对陛下的不忠。他还安排自己的党羽掌握军队，这哪里是对陛下尽忠呢？"肃宗对房琯的态度由此转为厌恶。

由此可见，肃宗罢免房琯，并非只是因为一个小小的门客贪贿，而是长期不满的一次集中爆发。杜甫初来乍到，对其中的原委可能并不清楚。他本人和房琯是布衣之交，很早就认识。大概肃宗对二人的这层关系也是心知肚明，所以憎恶房琯的同时，捎带连杜甫也一并讨厌了。肃宗令三司推问杜甫，显然是要重治其罪。幸好有张镐和韦陟等人营救，肃宗最终没有治杜甫的罪，而是亲下敕令，把他赶回鄜州探亲去了。

至德二载八月，杜甫挥涕告别凤翔，一路向北，走上往鄜州探亲的路程。他并没有怨恨肃宗赶走自己，反而自省在山河破碎、国家危急之时没能尽到谏臣应有的职责。他在名篇《北征》中写道："杜子将北征，苍茫问家室。维时遭艰虞，朝野少暇日。顾惭恩私被，诏许归蓬荜。"这几句说得很委婉，意思是说此时正是艰难之际，朝廷上下大家都很忙，而皇帝却开恩让我回家探亲。

一路上，他看到山野秋色多姿，战场上白骨累累。到家后，与家人欣喜团聚之余，却见家计艰难，生活无以为继。他满怀忧虑，不仅是为自己的生活，更是为前方的战争形势。然而，虽然目前百事凋敝，但他相信大唐基础坚实，一定会走向中兴。

《北征》完美地展现了杜甫纯熟的写作技艺，也集中体现了他挚诚的爱国之心。苏轼评价此诗说："识君臣之大体，忠义之气与秋色争高，可贵也。"

第十一章　李白：空名适自误

蜀道之难，难于上青天

盛唐诗人中，李白的身世最为神秘。他自称和李唐皇室是本家，但学者们对他的出身历来没有定论。郭沫若考证说，李白出生在中亚的碎叶城（今吉尔吉斯斯坦境内的托克马克附近），后来随家人移居四川绵阳。但是对于李白祖上是什么人，为什么搬到西域去，郭沫若也说不清楚，只说李白的父亲李客一定是位富商。

开元十二年（724年），二十四岁的李白仗剑离开四川绵阳，沿岷江东下，到吴越一带漫游，从此再没回过四川，也没有提到过自己的双亲。很可能他的父母已经不在了，他在绵阳已经无依无靠。

他一路穿三峡，过荆、襄，漫游吴、越，第二年来到金陵和扬州一带。这时候身上所带的资费三十多万钱已经消耗殆尽，生计变得窘迫。他的一位朋友，扬州江都县的孟少府，介绍他到湖北安陆"投亲靠友"。

所谓"投亲靠友"，很可能是孟少府为他牵了红线，让他去前宰相许圉师家做女婿。许圉师是高宗朝的宰相，孟少府给李白介绍的就是许的孙女。李白很爽快地应允了。

在古代，给人做上门女婿，是容易被人看不起的。李白一向自视甚高，却愿意入赘许家，除了生活拮据，更重要的应该是看上了许家的官宦背景。

幸运的是，据说许氏很有文采，能经常和李白讨论诗文，二人婚后在安陆生活了十年，感情和睦，还生了两个孩子，儿子伯禽（又名明月奴）和女儿平阳。

在安陆的十年，很多年后被李白自己形容为"酒隐安陆，蹉跎十年"。"酒"是显而易见的，他的很多诗里都有提到，而"隐"字则不太符合事实。李白虽然"一生好入名山游"，但始终都不曾真心归隐过。在安陆的十年，李白的状态是时隐时出的。即便是偶尔的隐居，也多半是在为出仕做准备。

安陆城北有寿山，李白和许氏曾在此居住。在写给朋友的信《代寿山答孟少府移文书》中，李白借寿山之口，完整地表达了自己对仕与隐的看法。他先以姜太公和傅说为例，说他们二人一个曾在渭水边钓鱼，一个曾在虞、虢交界处做苦役，但后来都被国君请到朝堂，辅佐国君建立千秋伟业。他告诉孟少府，不要小看了这小小的寿山，因为"岩穴为养贤之域，林泉非秘宝之区"，山水岩泉正是养育贤者和珍宝的地方，而且不会令他们埋没。

随后，他在信中申明了自己的政治理想："申管、晏之谈，谋帝王之术……使寰区大定，海县清一。"就是说，要做管仲、晏子那样的宰辅之臣，辅佐君王治理国家，使天下太平，百姓安居。

为了这个理想，他也确实付出很多努力，用他自己的话讲，就是"遍干诸侯""历抵卿相"。"干"，就是干谒、寻求拜见，"历抵"就是挨个拜访。他先后给安州（治所在今湖北安陆市）的两位长史写信，又给附近的荆州长史韩朝宗写信，请求推荐。这些信辞藻华丽，文采飞扬，内容则时而大肆吹捧，时而自我标榜，时而又卑躬自谦，汲汲求仕之情，溢于言表。

在《上安州裴长史书》的末尾，李白甚至有点着急。他骄傲地写道，如果君侯您能用我，我"必能使精诚动天，长虹贯日，直度易水，不以为寒"，如果您不用我，那我就要西入长安，永远告别您，像黄鹄一样高飞远举了。末了还加了一句："何王公大人之门，不可以弹长剑乎？"战国名士冯谖在孟尝君家中做客时，曾因不得礼遇而弹剑长歌。对李白而言，长安王公遍地，他何愁会得不到礼遇呢！

此信写于开元十八年（730年）年初，李白时年三十岁。对于一个生活在公元7世纪的男人来说，三十岁已经是中年了。李白觉得自己不能再等了，写完信不久，他就揣着老丈人许员外的推荐信，第一次来到长安。

走之前，他给朋友留下一首诗，《留别王司马嵩》：

鲁连卖谈笑，岂是顾千金。陶朱虽相越，本有五湖心。

余亦南阳子,时为梁甫吟。苍山容偃蹇,白日惜颓侵。
愿一佐明主,功成还旧林。

战国时期,秦军围攻赵国邯郸,魏国犹豫不敢救,齐人鲁仲连一席话说服魏国将军,后来魏国迫使秦军后退,解了邯郸之围。赵公子平原君想要以千金为谢,鲁仲连拒绝,并辞别平原君,终生不复相见。春秋时范蠡曾做越国宰相,帮助越王打败吴国,一雪会稽之耻。功成后归隐江湖,自号陶朱公。东汉末年,诸葛亮躬耕南阳,平日好为《梁甫吟》。李白以此三人自比,相信自己一定能辅佐明主,创立一番功业。将来事成之后,他自当退隐山林,到时再和老朋友一起共享方外之乐。

然而,残酷的现实击碎了他的浪漫想象。他在长安及关中、洛阳等地徘徊了三年,毫无结果,只好于开元二十一年(733年)再次返回安陆。

他的名作《蜀道难》,很可能就写于此次初游长安期间。诗中他以蜀道之难于上青天,比喻进取无门。同样知名的《行路难》三首中,前两首大约也作于此时。诗中情绪黯然,充满愤懑,其中第一首最为读者熟悉:

金樽清酒斗十千,玉盘珍馐直万钱。
停杯投箸不能食,拔剑四顾心茫然。
欲渡黄河冰塞川,将登太行雪暗天。

闲来垂钓坐溪上，忽复乘舟梦日边。
行路难，行路难，多歧路，今安在？
长风破浪会有时，直挂云帆济沧海。

　　李白再次回到安陆的时候，老丈人已经去世。许家家产大部分被大舅子强占。更不幸的是，两年后妻子许氏也撇下他和两个孩子去世了。

　　眼看在安陆待不下去，李白只好带着一双儿女去了山东，投靠一位在任城（今山东济宁市）做县令的叔叔，并把户籍也落在山东。所以后来他常自称山东人。杜甫也曾在《苏端薛复筵简薛华醉歌》一诗里说："近来海内为长句，汝与山东李白好。"

　　在山东，经亲友撮合，李白和一位姓刘的寡妇在天宝元年（742年）草草结了婚。但这位刘氏嫌贫爱富，对李白很轻慢。

　　好在这一年秋天，由于道士吴筠及玉真公主等人的推荐，玄宗下诏让李白进京。李白临行前写了首《别内赴征》，言语间对刘氏很是讥讽了一番："出门妻子强牵衣，问我西行几日归？归时倘佩黄金印，莫学苏秦不下机。"说刘氏同苏秦的妻子一样，是个势利且没有远见的人。

　　李白到了长安，玄宗对他极尽荣宠，亲手为他调制羹汤，并让他做了翰林待诏。他得以经常扈从玄宗参加一些重要活动。这一年的李白四十二岁，由一介布衣一跃成为万众瞩目的明星。看起来,他的政治理想马上就要实现了。

可是命运再一次捉弄了他。翰林院的生活并非如他想象的那么美好。翰林待诏名为翰林,其实和一般的翰林学士有很大区别。翰林待诏有时也称翰林供奉,属皇帝的差遣侍从之臣,主要陪皇帝消遣娱乐,以及应和文章,并不参与国家政治事务,也没有品阶。

显然,玄宗请李白来长安,并不是看中他有什么政治才能,而是欣赏他的诗文写得好。《唐诗三百首》中收录了李白的三首《清平调》,据说都是在宫中陪玄宗宴乐时所写。

其一:

云想衣裳花想容,春风拂槛露华浓。
若非群玉山头见,会向瑶台月下逢。

其二:

一枝秾艳露凝香,云雨巫山枉断肠。
借问汉宫谁得似,可怜飞燕倚新妆。

其三:

名花倾国两相欢,长得君王带笑看。
解释春风无限恨,沉香亭北倚阑干。

这三首诗写得风流绝艳,旖旎多姿。据晚唐人李濬《松窗杂录》记载,当时宫中牡丹新开,玄宗携贵妃赏玩听曲,犹觉不足,就命李白再作新词。李白欣然承旨,立进《清平调》三章,李龟年谱曲而歌。玄宗与贵妃听后欢喜,愈发厚待李白。

但这都不是李白想要的,他不愿只做个陪吃、陪喝、陪玩的无聊词人。李白特别爱喝酒,酒醉之后举止放诞,在那些谨小慎微、举止规矩的人看来,李白无疑是个异类。宫里宫外有很多人不喜欢他。李白自己也察觉到了,就上书请求离开。玄宗也看出他在宫里待得不自在,就赐他一些金银,放他还乡。

天宝三载(744年),李白满怀失望地再次离开长安。临行前,他曾去寻一位朋友王侍御。王侍御不在家,空荡的房间有一幅壁画,画中有一只鹦鹉正振翅欲飞。李白在画前伫立许久,他觉得自己仿佛就是那只鹦鹉,因为才能出众而遭人讪谤,只好拖着摧折的羽毛,狼狈离开皇宫,返回故乡:

落羽辞金殿,孤鸣咤绣衣。能言终见弃,还向陇西飞。

燕山雪花大如席

离开长安后,李白先是和杜甫、高适在梁宋(今河南开封与商丘）一带漫游，之后三年基本一直在山东闲居。其间曾在济南正式受箓，入了道籍，有了道士的身份；还曾和高适、杜甫一起去济南拜访过李邕。另外，他的婚姻也发生了重大的变化。先是刘氏主动离开了他，继而他和山东的另一位女子结婚，生下一个儿子叫颇黎。

这两位山东女子，估计都是以纳妾的方式与李白缔结婚姻的。李白死后，为他整理诗集的魏颢在《李翰林集序》中说道："（李）白始娶于许，生一女一男，（男）曰明月奴，女既嫁而卒。又合于刘，刘诀。次合于鲁一妇，生子曰颇黎。终娶于宗。"

所谓"合"，就是说不是明媒正娶，而是以简单的纳妾方式同居。至于魏颢提到的宗，就是宗瑛，即前宰相宗楚客的孙女，也是李白的朋友宗璟的姐姐。李白正是通过宗璟，才认识了宗氏。

宗氏跟李白一样，也是狂热的道教信徒。两人都有羽化成仙的念想，可谓志同道合，所以感情很好。宗氏在宋州有房产，他们结婚的地点就在宋州。但两人具体的结婚时间已经不可考了。从李白的行踪上看，从天宝六载（747年）开始，李白就已经四处漫游了。一直到安史之乱爆发，他都没有在宋州长期待过的痕迹。天宝十载（751年），他更是突发奇想，从汝州转道去了幽州，即安禄山的大本营。

关于李白幽州之行的目的，后人有很多猜测。

天宝十载的二月，安禄山刚刚兼领河东节度使，成为身兼平卢、范阳、河东三镇节度使及河北采访使的显赫人物,但他仍不满足,想要继续扩充自己的实力,于是四处招揽天下可用之才。

当时他反迹未露,士人多趋附之,竞相奔赴幽州。杜甫在《后出塞》里就曾描写过,很多人为建功立业,踊跃参军奔赴蓟北:"男儿生世间,及壮当封侯。战伐有功业,焉能守旧丘?召募赴蓟门,军动不可留。"

李白去幽州,大概也是想寻找建功立业的机会。他于暮秋时节从开封启程北上,出发前,留了一首诗给予逖和另一位裴姓朋友。诗里以姜太公、李斯和侯嬴等人自比,说他们在发迹之前,也和平常人一样生活困厄,劝两位朋友不要因怀才不遇而悲叹,不要辜负了美酒与歌舞。在诗的结尾处,他说自己要"且探虎穴向沙漠,鸣鞭走马凌黄河"。

有学者根据这两句推测,李白当时对安禄山已有戒备之心,不然为什么把幽州称为"虎穴"呢?

但是,从之后李白的行迹和留下的诗作来看,这种推测是想当然了。李白从来就不是一个政治嗅觉敏锐的人。所谓"虎",应该是指长年和唐军争斗的奚和契丹。

李白幽州之行前后历时一年多,直到天宝十二载(753年)春天才返回。一路上,除了几位做县令的朋友,他似乎没见过更重要的人。其间留下的诗作有十来篇,大致分为三类主题。

一是酬赠朋友,如在魏县赠别苏明府、在广平县赠别李辈，都只是简单赞美对方。其中有一首《邯郸南亭观妓》，末两句直接说："我辈不作乐，但为后代悲。"毫不掩饰地提出，人生苦短，不如及时行乐，丝毫没有半点忧虑之思。

二是赞美边地勇士的奋勇豪迈，并抒发立功报国之情。如《幽州胡马客歌》和《行行游且猎》等。

三是描述征战之苦和思妇之怨，以《北风行》最为知名，其中有句：

燕山雪花大如席，片片吹落轩辕台。
幽州思妇十二月，停歌罢笑双蛾摧。
倚门望行人，念君长城苦寒良可哀。

这首诗之所以知名，主要缘于"燕山雪花大如席"这一句，想象力超凡，极尽夸张之能事，令人叹服。后几句写征人远戍，留下妇人在家中倚门怅望，独自思念。但也有人说这首诗明写思妇之怨，暗写幽州的危机。这么附会真的是很勉强。李白不是一个藏着掖着的人，他写诗往往直抒胸臆，情思所及，喷涌而出，极少先在胸中谋划布局。通观全诗，征妇之哀怨贯通前后，浑然一体，不必再加上点关于政治的隐喻。

我们都太喜欢李白了，不愿意相信这么聪明的一个人，在安禄山造反的前两年去幽州逛了那么久，居然什么都没发现。

李白自己也反思过这件事情。他曾在一首诗里为自己辩解过，说他此年幽州之行时，已经看出安禄山要谋反了。这首诗的名字叫《经乱离后天恩流夜郎，忆旧游书怀，赠江夏韦太守良宰》。题目很长，诗也很长，共有八百三十个字，是《李白集》中最长的一首诗。

这首诗写在乾元二年（759年），也就是幽州之行近十年之后。那时候李白刚刚从流放夜郎的途中遇赦返回，途经江夏（今湖北武汉江夏区），受到老朋友鄂州刺史韦良宰的热情款待。他感怀身世，写下了这首带有自传性质的诗。诗中有几句提到了幽州之行：

十月到幽州，戈铤若罗星。君王弃北海，扫地借长鲸。
呼吸走百川，燕然可摧倾。心知不得语，却欲栖蓬瀛。
弯弧惧天狼，挟矢不敢张。揽涕黄金台，呼天哭昭王。

诗中的"长鲸"指安禄山。这几句大意是说，他十月到达幽州，看到大军云集，杀气腾腾；皇帝错把北方边地交给安禄山，安禄山如洪水猛兽，十分危险；自己虽然看清了形势，但是却没有机会向君王进谏，只能痛哭一场，决意退隐江湖，独善其身。

这几句诗如果写在天宝十四载（755年）冬天之前，李白的政治敏锐性自然是可称可赞的。可惜这是获罪归来后写的自述诗，自我辩解的性质太明显，不足为证。

实际上，李白自幽州归来后，并没有表现出太多的忧虑。他先回到宋州和任城看了看家人，然后又独自到南方旅游去了。其间，他大约又写了十几首诗，均没有提及幽州形势。

在叛乱爆发前的两年间，他一直在今天江苏的南京及安徽宣城、池州一带漫游。在宣城，他与御史李华同登谢朓楼，写下了著名的《宣州谢朓楼饯别校书叔云》：

弃我去者，昨日之日不可留；
乱我心者，今日之日多烦忧。
长风万里送秋雁，对此可以酣高楼。
蓬莱文章建安骨，中间小谢又清发。
俱怀逸兴壮思飞，欲上青天揽明月。
抽刀断水水更流，举杯消愁愁更愁。
人生在世不称意，明朝散发弄扁舟。

这首诗在宋代人编写的《文苑英华》中，记载为《陪侍御叔华登楼歌》。纵观全诗，李白只是抒发胸中忧闷之情，并无饯别之意，所以后面这个名称更为恰当。诗的前两句，如飙风狂雨，骤然破空而来，极具力量。这种一开篇就下如此重笔的写法，在古诗中非常罕见，可以想见李白心中是有多少忧闷！

在秋浦（今安徽池州贵池区），他接连写下十七首《秋浦歌》，其中最知名的是这首：

> 白发三千丈，缘愁似个长。不知明镜里，何处得秋霜。

此诗写得也极夸张，但惆怅的感情却是真挚的。这时候的李白，已经是一个五十三岁的老人了。虽然入了道籍，但他心中汲汲于世的心火，并没有完全熄灭。人生七十古来稀，他知道上天留给自己的时间不多了。揽镜自顾，见鬓发如霜，忧愁悲叹是很自然的。

悲叹之余，他又开始思念远在宋州的宗氏，于是写了一首《秋浦寄内》，表达对宗氏的思念。写完之后意犹未足，又以宗氏的口吻给自己写了一首诗《自代内赠》："宝刀截流水，无有断绝时。妾意逐君行，缠绵亦如之……妾似井底桃，开花向谁笑？君如天上月，不肯一回照。"写得如此情意绵绵，深情毕现，在李白集中是不多见的。

这两首诗大约写于天宝十四载（755 年）秋冬之际，很可能就在他写此诗的时候，安禄山在范阳起兵了。

仍留一支箭，未射鲁连书

安禄山的攻势进展飞快，仅二十天后，就渡过了黄河，直逼河南重镇陈留（今河南开封市东南陈留镇）。十二月五日，陈留太守郭纳献城投降。同月，伯禽和平阳所在的兖州（治所在任城）也被叛军攻陷。陈留和兖州距离宋州都很近，仅三百里，骑马四五天即可轻松到达。幸运的是，赖于张巡等人的死守，宋州一直没有被叛军攻破。

李白听说消息后，急忙返回宋州，接出宗氏，想继续北上任城接儿子和女儿，已经来不及了。二人匆忙来到江南，先是暂居宣城，后又择路南下，准备到剡中（今浙江省嵊州市）避难。

一路上，李白的心情非常复杂。对于战乱给中原人民带来的沉重灾难，他深感同情，并在一些诗里对叛军的野蛮行径进行痛斥，比如《古风其十九》："俯视洛阳川，茫茫走胡兵。流血涂野草，豺狼尽冠缨。"又如《扶风豪士歌》："洛阳三月飞胡沙，洛阳城中人怨嗟。天津流水波赤血，白骨相撑乱如麻。"不过，这类描写并不多。而且，李白毕竟没有亲临战场，他对战争的描写只停留在想象的层面，读来往往缺乏真切动人的力量，有种隔岸观火之感。

对于南下避难，他也显得犹豫。他在多首诗里提到自己要南下避难，但是偶尔又说自己"行忧报国心"。在留给宣城县令崔钦的诗中，他说："我垂北溟翼，且学南山豹"。北溟翼即大鹏鸟，南山豹则是一种善于改变毛色保护自己的动物。前一句是说自己心中有奋进之志，想有所作为，后一句却表示要远离灾害，全身自保，何其矛盾！

值得注意的是，叛乱的爆发，令李白心中久已沉寂的政治理想又被慢慢激活。在逃亡的路上,他写了五首《奔亡道中》,第一首感慨中原沦陷,消息断绝;第二首叹息平叛无人,中原百姓身着胡衣,愁容黯淡;第三首忽然风格一振,谈起个人抱负:

谈笑三军却,交游七贵疏。仍留一支箭,未射鲁连书。

鲁仲连在邯郸被围时,谈笑间退却秦军。后来有燕将攻占齐国聊城,齐将田单围攻一年多,死伤无数,却始终不能克复。鲁仲连来到城下,写了一封信,绑在箭上射入城中。燕将读信后,哭了好几天,最终决定自杀,齐军于是进入聊城。这首诗的意思是说,我也可以像鲁仲连一样,谈笑间退却叛军,可是我缺乏权贵之人举荐,不能获得这个机会。

李白在诗歌中曾提到很多有名的政治家,如管仲、晏婴、范蠡、诸葛亮、谢安等,但他最激赏的,似乎还是鲁仲连。在李白诗集中,有近二十首诗提到鲁仲连或其故事,其中有两首还是专门咏颂鲁仲连的。与前文提到的众多政治家不同,鲁仲连的传奇之处不仅在于能言善辩,智勇过人,而且在于他视富贵如浮云,不肯做官,亦不肯受人财物,每次功成之后,他都淡然而去。这是典型的侠客作风,李白曾作《侠客行》赞颂这类人物:"十步杀一人,千里不留行。事了拂衣去,深藏身与名。"

可以说,在李白的多重人生理想——政治家、道士和侠客中，侠客其实是最适合他的。原因首先在于他会武术，他自云年少时学过剑术，二十多岁出川漫游时，还随身带着剑。另外，最重要的是，侠客那种豪气干云、无拘无束的自由状态，和李白本人的气质非常契合。至于做道士，他其实不太认真，大多时候只是说说而已。虽然他一生没少游仙访道，而且还曾正式受箓，但并未见他认真修行过。至于做政治家，当然是他最热切的，但肯定也是最不适合他的。

不过李白自己并不这么认为。离开宣城时，他告诉朋友打算避地剡中，实际上他到杭州就停下了。在杭州，他见了一个人，这个人是真正的李唐皇室，李白称之为"从兄"，其正式身份是徐王李延年。李延年之前因贪赃被贬，此时在杭州任余杭郡司马。李白拜见李延年所为何事，他没有说，但是当代学者安旗认为，从《感时留别从兄徐王延年从弟延陵》这首诗里，可以寻得一些蛛丝马迹。

此诗较长，大半都是吹捧李延年兄弟的显赫身世，中间有几句略述李延年在杭州的生活状态：

佐郡浙江西，病闲绝驱驰。阶轩日苔藓，鸟雀噪檐帷。
时乘平肩舆，出入畏人知。北宅聊偃憩，欢愉恤茕嫠。
羞言梁苑地，烜赫耀旌旗。兄弟八九人，吴秦各分离。
大贤达机兆，岂独虑安危。

这几句大意讲李延年在杭州生活低调，虽然身为州郡官员，但是因为身体不好，一直都在休养，并不管事；家里平日也没什么客人，以至于草盛鸟雀多；出门只乘坐普通肩舆，生怕别人看出自己身份特殊；喜欢燕居在田园之中，并且对周围贫民多有抚恤。

安旗认为，从"羞言梁苑地"往后六句，表明李白和李延年曾有一场推心置腹的密谈，谈话的内容即李白此行的目的，那就是：游说徐王李延年起兵勤王！

安旗推测，李白提出这个建议之后，被李延年拒绝了。为什么呢？原因有两个，一是有汉代梁孝王的前车之鉴。梁孝王刘武是汉文帝之子，景帝同母弟，窦太后十分疼爱，赏赐无数。刘武逐渐膨胀，广筑宫苑，方三百余里，人称梁苑，又名梁园，故址在今河南商丘。不仅如此，梁王还被允许使用天子的旌旗，出入礼仪拟同天子。如此张扬，后来终被景帝疏远。

第二个原因，暗藏在"大贤达机兆"几个字中。所谓"机兆"，指事情变化前的先兆。安旗认为，李延年已经通过个人渠道得知太子在灵武称帝，并遥尊玄宗为太上皇的消息，所以不愿意起兵。"岂独虑安危"，是说他不起兵并非是担忧个人安危，而是知道天下大局将定，事情办不成。

以李白之性格，以及他对鲁仲连一贯的赞赏态度来看，他提出这样的建议不足为奇，安先生的推测似有几分道理。

不过，也有可能安旗推求太过。仔细玩读这几句，"羞言梁苑地"似乎只是在承接上文，讲李延年现在言行谨慎，不愿意多提过去做王爷时的烜赫往事；至于"大贤达机兆，岂独虑安危"，也只是说李延年之所以选择韬光养晦，不是因为他害怕太张扬会惹来灾祸，而是因为他已经明白自然世界运行的规律，即清心朴素，莫逐奢欲。

不管怎样，李白在南下避难与北上抗胡的矛盾中，踟蹰了大半年，行动上居止无定，态度上也莫衷一是。就这么犹豫着，时间到了秋天。至德元载（756年）初秋时节，李白又辗转来到庐山。这已是他第三次来到江州（治所在浔阳县，即今江西九江市浔阳区，庐山在浔阳城南）。在庐山东北五老峰下的屏风叠，李白修建了读书的草堂，似乎打算终老于此了。

他给朋友王判官写了首诗，《赠王判官，时余归隐，居庐山屏风叠》。在诗里，他总结自己的前半生，感叹道："吾非济代人，且隐屏风叠……明朝拂衣去，永与海鸥群。"意思是说，国家正处在危难之际，但我却不是能扶危济难的人，只好隐居此地，永远与飞鸟为群。

听上去很超脱，其实这并不是他的本心。李白一直到死，都保持着一个热血青年的本色。

果然，他在这里只隐居了不到半年。当年十二月，永王李璘率舟师东下，路过浔阳，邀他入幕。李白果然按捺不住，下山上了李璘的大船。

这次下山，差点要了李白的命。

永王正月东出师

下山前,李白给宗氏留了一首诗——《别内赴征》。诗中写道:"王命三征去未还,明朝离别出吴关。""王命三征"似乎是说勉为其难才下的山。但从他后来写的十一首《永王东巡歌》来看,他对跟随永王出征是非常兴奋的,甚至自比东晋的谢安,希望能辅佐永王一举歼灭北方叛贼。

其一:

永王正月东出师,天子遥分龙虎旗。
楼船一举风波静,江汉翻为雁鹜池。

其二:

三川北虏乱如麻,四海南奔似永嘉。
但用东山谢安石,为君谈笑静胡沙。

永王任江淮兵马都督和扬州节度大使的诏书出自太上皇,并非当今皇帝肃宗。从李白的诗句中可以看出,李白并不清楚肃宗对永王东进的态度。即便他知道,可能也不会太在意。因为李白对太上皇当年的知遇之恩是一直铭记于心的,他可能更愿意听太上皇的话。

在《永王东巡歌》第五首中,李白写道:"二帝巡游俱未回,五陵松柏使人哀。诸侯不救河南地,更喜贤王远道来。"显然,李白认为太上皇虽然退位,但和肃宗一样,仍是皇帝。

永王对外宣称北上河南平叛,这个口号使他的东进之举具有强大的号召力。但是,由于肃宗不认可,永王手下的将官和幕僚们很快就发现,事情正在起变化。

永王舟师到达当涂时,吴郡太守、江南东道采访使李希言写信给永王,直接呼其姓名李璘,责问他擅自发兵东下的意图。很明显,李希言不承认太上皇对永王江淮兵马都督及扬州节度大使的任命。

永王大怒,派遣部将浑惟明在吴郡袭击李希言,另派季广琛在广陵袭击广陵长史、淮南采访使李成式。

这时,肃宗派遣的宦官啖廷瑶、段乔福等也来到广陵,正与李成式策划招抚永王的部队。当时河北招讨判官李铣在广陵,有一千余人马,啖廷瑶邀李铣屯兵扬子津。李成式则派裴戎带广陵兵三千人,戍守瓜步洲,做好了抵御李璘的准备。

至德二载(757年)二月二十日,裴戎到达瓜步洲后,广树旗帜,大阅士兵。李璘与儿子李偒登上城墙远望,面有惧色。部将季广琛知道事情不能成功,对诸将说:"咱们跟随永王难道想反叛吗?如果永王总领江淮精锐之兵,直驱长安、洛阳,我们都可立大功;可现在却要我们和自己人战斗,令我等名列叛逆,后代会怎样说我们呢?"众将都认同他的看法。季广琛于是带着众将投降了。

当夜，李铣列阵于江北，命士兵每人点燃两个火把，江面上灿若繁星。李璘看得心惊胆战，搞不清对面到底有多少兵马。这时，李璘军中也有人举火把相应。李璘怀疑对方兵马已经渡江，便带着儿女和部下逃走了。

李成式听说李璘逃跑，便一路追击，一直追到江西与广东交界的大庾岭。李璘中箭被擒，后被杀死。儿子李偒也被乱兵所杀。

珍禽在罗网

李璘往南逃命的时候，李白自然也跟着一起逃命。在逃跑的路上，李白的心情是非常复杂的。一边忧虑，一边悲叹，还掺杂着许多迷惑。他忧虑自己能否逃出劫难，也忧虑北方何时能平定叛乱。对于李璘袭取扬州的行为，他并不认为是在谋反，他认为肃宗一定听信了小人的谗言，才对李璘产生怀疑。想起自己一个月前还意气风发，以为可以一举扫清北方胡寇，如今却在狼狈逃命，他想不明白到底为什么。这也难怪，他本是"谪仙人"，人间的这些权力斗争他哪里懂呢！

他还算聪明，并没有跟着永王一起往岭南逃，而是半道离开了。但他终于还是在彭泽县被擒，然后被带到浔阳，关在监狱中。

宗氏知道李白被捕，赶来监狱探望，见到李白大哭不已。

宗家是大族，在朝廷上下故交颇多，宗氏积极奔走求救。李白非常感动，写诗寄给宗氏，自己也屡次投诗给宰相崔涣，请求帮助。崔涣当时正以宰相身份充任江淮宣谕选补使。

此时淮南节度使高适屯兵扬州，他跟李白是朋友。天宝三载（744年），李白曾和高适、杜甫一起，在梁宋之地畅游多时。正巧有个叫张孟熊的秀才路过浔阳，准备到扬州高适处投军，李白便写了两首诗赠给张秀才。其中一首《送张秀才谒高中丞（并序）》，对高适极力赞美，说"高公镇淮海，谈笑却妖氛"。同时诉说了自己的不幸，请求帮助的意思非常明显，却没有得到高适的回音。

好在还有崔涣和宋若思等人一直在积极地为李白说情，李白在浔阳大狱并没有蹲太久。几个月后，朝廷任命宋若思为江南西道采访使兼宣城太守，宋若思带领三千吴兵北上，路过浔阳时，把李白从牢里放出来带在身边，并上奏朝廷，请求让李白为自己参谋军事。

李白脱离罗网，自然感激涕零，工作也十分卖力，接连替宋若思写了好几篇奏章。其实宋若思并非不能自己写文章，他是唐初著名诗人宋之问的侄子，文采自然不差。李白早年和宋若思的父亲宋之悌有过交往，是以宋若思对李白很敬佩，也很亲密。

在李白为宋若思所写的几篇奏表中，有一篇是推荐他自己的——《为宋中丞自荐表》。文章以宋若思的口吻，回顾了李白在天宝初年被玄宗赏识的经历，然后辩解说，李白跟随永王东进实则是被胁迫的，并且半道就逃跑了。接着，又赞扬李白高尚的节操和高深的学问，请求皇帝为李白授一京官，好让他为朝廷做点贡献。

李白提出如此请求，实在是自我感觉太好了。他跟随永王东巡，犯的是"附逆"之罪，朝廷不治罪已经是天大的恩典了，他还希望再得到重用，怎么可能呢？

从他为宋若思写的另一篇奏表中，也可以看出他在政治上的幼稚。这篇文章是《为宋中丞请都金陵表》，就是请皇上迁都金陵。理由是肃宗现在凤翔，离叛军控制的长安仅有三百里，距离太近，十分危险，且河南河北已经为叛军所据，残破萧条。而江南依然富庶，人才聚集，且与成都之间交通便利，与太上皇沟通也比较便捷。

这篇奏表如果是写在长安初陷时，尚值得一看，而此时形势已经迥然不同。肃宗之所以移驾凤翔，是因为战争形势有所好转，各路勤王之师已经齐聚凤翔，收复长安的战备工作也基本完成。再者，肃宗自立为帝，缺少合法性，他迫切需要亲临战场，收复两京，以证明自己。去年他连成都尚且不肯去，现在又怎么会绕远建都金陵呢？

宋若思的几篇奏表送到朝廷，并没有得到答复。转眼到了秋天，十一月份的时候，朝廷的批复终于下达了。肃宗的处理办法让李白十分意外，他实在难以接受，又不得不咬牙接受。

第十二章　岑参与杜甫：汗马收宫阙

兵甲望长安

天宝十四载（755年）年末，玄宗处死高仙芝与封常清的消息传到安西和北庭，诸军将领都很震惊。岑参自然十分悲痛，他对中原的战事很关心，很想东归，但是没有朝廷的命令，不能擅自离开。封常清于岑参有知遇之恩，如今封常清一死，岑参对自己的未来也感到迷茫了。他不知道下一步朝廷会派谁来主政北庭，也不知道接下来该如何自处。在《送四镇薛侍御东归》这首诗中，岑参写道："相送泪沾衣，天涯独未归。将军初得罪，门客复何依？"悲戚之情溢于言表。

还好北庭与长安有万里之遥，中原的烽火并没有影响到西域边陲。轮台的生活依然闲适平静，岑参依旧可以赏花、听曲、观看胡旋舞。但他的诗作较之前两年明显少了，也没有"忽如一夜春风来，千树万树梨花开"那样奇思异想的杰作了。

一年之后，至德二载春夏之际，岑参终于可以离开北庭，离开这个带给他无限梦想与激情的地方。这一年他四十三岁，虽然距离初次赴安西仅过去六年，但他最灿烂的青春年华已经回不来了。他再次踏上东归之路，可是他在长安的家已经回不去了。中原之地满目疮痍，他曾经隐居过的嵩山，也处于叛军的控制之下。

他到达凤翔肃宗行在，迎接他的只是一个混乱不堪的流亡小朝廷。还好这里有他的老朋友杜甫。杜甫刚刚被拜为左拾遗，对岑参的归来十分欣喜。他和同僚联名推荐岑参，说岑参识大体，有远见，说话办事文雅端正。肃宗旋即拜岑参为右补阙。

右补阙也是谏官，比左拾遗的品级略高，是从七品。但岑参显然对自己的文官身份感到尴尬。他在《行军二首》中写道：

早知逢世乱，少小谩读书。悔不学弯弓，向东射狂胡。
偶从谏官列，谬向丹墀趋。未能匡吾君，虚作一丈夫。

意思是说，早知道会遭遇乱世，我就该从小学习弯弓射箭，那样就可以直接上战场杀敌，而不是像现在，仅仅做一个谏官，天天待在朝堂上，对匡扶帝业无所帮助。这样还算是一个顶天立地的大丈夫吗？

虽然是谏官，但岑参一直跟随军队行动。闰八月二十三日，肃宗犒赏众将，谋划攻取长安。他对兵马副元帅、收复两京总指挥郭子仪说："事情成功与否，当在此一举！"郭子仪慷慨地说："如果不成功，我决不活着回来！"岑参很可能是跟随郭子仪军一起出发的，他的一首《行军九日思长安故园》写于行军途中：

强欲登高去，无人送酒来。遥怜故园菊，应傍战场开。

九月九日是重阳节，按旧俗人们要登高饮菊花酒。岑参也想登高远眺，可是此时在行军中，哪里有菊花酒呢？他在长安的家中倒是种有菊花，只是不知道此时又盛开了几朵？

万马救中原

九月十二日，天下兵马元帅广平王李俶率领朔方军、西域兵及回纥援军共十五万，浩浩荡荡从凤翔向长安进发。二十七日，诸军齐集长安西郊，在香积寺北沣水东岸布阵。李嗣业率前军，郭子仪率中军，王思礼率后军。

香积寺是佛教著名古刹，王维曾在《过香积寺》中描写过："不知香积寺，数里入云峰。古木无人径，深山何处钟。"往昔静谧安详的修行地，如今变成残酷的修罗场。

率领前军的李嗣业是唐代有名的猛将，善于使用陌刀，曾跟随高仙芝远征小勃律。肃宗即位后，诏令各地兵马勤王，李嗣业当即率五百精兵驰达凤翔。肃宗见到他十分高兴，说：

"今天得到你一个人,实胜过得数万人。平叛能否成功,就看你的了。"并授他安西、北庭行军兵马使之职,配合其他诸军平叛。李嗣业所率的勤王之兵来自安西、北庭两个地方,其中以安西兵为多。

李嗣业忠肝义胆、壮勇绝伦。杜甫有六首诗提到过李嗣业及其所率安西兵。

李嗣业发兵前一个月,杜甫被肃宗亲自下诏撵回鄜州省亲,他曾到李嗣业处借马。杜甫写诗记述此事,先是夸赞李嗣业是匡复社稷之臣,然后可怜兮兮地诉说自己的处境:"青袍朝士最困者,白头拾遗徒步归……妻子山中哭向天,须公枥上追风骠。"如果说这是因为借马不得不说奉承话,那么此后几首则是衷心地赞扬。

唐军收复两京之时,岑参一直随军而行,却没留下什么诗歌。或许是军务繁忙,或许是认为平叛之际诗文无用。此时远在鄜州的杜甫,一直关心着战场形势,倒留下不少真实的记录。

杜甫回到鄜州家中后,听说广平王大军逼近长安,欣喜不已,立即写下《喜闻官军已临贼境二十韵》。这首诗写得热情洋溢,很像一篇宣传布告,依次盛赞诸军将士英武之姿,并描绘了百姓热切盼望王师的心情。诗中提到李嗣业,把他比作忠贞不屈的汉代名臣苏武。

收复长安的战斗异常残酷。叛军早已做好大战的准备,他们在官军的北面布置了十几万人的兵力,摆好阵势,先向官军发起挑战。官军出击，逼近叛军阵地，叛军齐头并进冲过来，官军抵挡不住开始退却。叛军乘机呐喊，气势汹汹地追过来。

李嗣业看到情况危急，大声说："今日若是贪生怕死，则我军必然全军覆没矣。"随后脱掉上衣，手持长长的陌刀立于阵前，大喊着杀向敌军。唐代的陌刀是一种非常锋利的重兵器，李嗣业善用此刀。但见他手起刀落，血光四溅，敌人连人带马被他砍死几十个，官军阵势才逐渐稳定下来。接着，李嗣业带领前军持长刀前进，全军像一堵墙一样稳步推进，势不可挡。

叛军原在阵东埋伏有精兵，计划绕到后方包抄官军。官军发现了他们的计划，朔方左厢兵马使仆固怀恩引回纥兵向敌人的伏兵发起进攻，将之全歼。叛军看到计划失败，顿时士气衰落。

李嗣业的前军又会同回纥兵绕到叛军后面，与大军前后夹击。叛军迅速溃散，残兵败将逃入城中，许多人被挤入护城河而死。

当夜，叛军弃城逃走。第二天广平王整军入城，沦陷一年零三个月的帝国首都终于光复。城中百姓不分男女老幼，都夹道欢呼，悲泣如雨。

香积寺一战，李嗣业所率的安西、北庭行营军立了头功。长安收复后，李嗣业继续率部随大军东征，后来在克潼关、收洛阳、围邺城（今河南安阳北）等重大战役中，这支军队都是冲锋在前,发挥了极其重要的作用。

杜甫从鄜州返回长安时,官军已经开拔向东走了。杜甫无缘在长安见到李嗣业军的风采,等他再见到这支西域来的劲旅时,是一年后了。乾元元年(758年,二月肃宗下诏改年号至德为乾元),李嗣业军奉命调往邺城围困安庆绪,曾路过华州。其时杜甫在华州任职,他两次见到李嗣业军,都留下极力赞美的诗句。在《观安西兵过赴关中待命二首》中,他称赞安西兵久经沙场,常胜如神,相信他们一定能在谈笑间平定河北。他还敏锐地观察到,这支军队军纪严明,虽然在此逗留欢乐,但华州城里并不喧闹。

史书记载李嗣业军军纪严明,在勤王路上星夜奔驰,所过州县竟秋毫无犯。李嗣业本人忠毅忧国,从不考虑为自己置办房屋及田产。朝廷先后赏赐给他的财物,他都上交以助军资。

可见,杜甫对李嗣业所率安西兵的极力褒扬并非出于客套,而是对这支作风优良、能打胜仗的铁军由衷敬佩。

杂种抵京室

长安收复后,广平王在长安整顿、抚恤军队三天,然后率大军向东进发,准备收复洛阳。郭子仪率番、汉军追击叛军到潼关,杀敌五千,收复了潼关附近的华州和虢州。叛军余众退守陕州。

从陕州向东，不到三百里便是叛军的首都洛阳。去年正月初一安禄山在此称帝，国号大燕。但他仅做了一年皇帝，就被儿子安庆绪及军师严庄、宦官李猪儿合谋杀死。安庆绪自立为帝。

对于固守洛阳的叛军来说，陕州失守，等于向唐军敞开大门。安庆绪调出洛阳全部兵马，由严庄亲自统领开赴陕州，与逃到此处的西京留守张通儒的军队合并。两军合计有十五万人，想把唐军挡在陕州以西。

十月十五日，广平王率兵至曲沃，回纥太子叶护派兵搜索南山山谷中的敌方伏兵，然后驻扎在岭北。郭子仪则率军在陕州城西的新店与叛军相遇。叛军依山布阵，郭子仪军初战不利，叛军下山追击。此时回纥兵从南山出动，袭击叛军后部，在黄尘弥漫中连发十余支箭。叛军回头观望，有人惊呼："回纥兵来了！"叛军对回纥骑兵向来心存畏惧，听到这一声喊，顿时溃散不可收拾。郭子仪领军掉头回击，与回纥兵前后夹击，叛军大败，尸横遍野。严庄和张通儒等放弃陕州东逃。

由这次战斗的情形可以看出，回纥骑兵的威慑力已经达到令敌人闻风丧胆的地步。在冷兵器时代，弓箭是唯一的远程武器，回纥人自小骑马射箭，能在飞奔的战马上百发百中。他们的箭射速极快，箭上带着哨音，叛军一听，就知道是回纥兵来了，心理上先自崩溃，不战自乱。

安庆绪得知陕州失守，就率众趁夜逃走。临行前，将俘虏的唐军将领哥舒翰、程千里等几十人都杀了。

十月十八日,广平王整军进入洛阳,失陷一年零十个月的东都也光复了。但洛阳人民没有长安人那么幸运,他们面临的是一场大规模的洗劫。

在收复长安之前,肃宗曾与回纥约定:"攻下长安后,土地、士民归唐朝所有,黄金、丝帛及子女归回纥所有。"丝帛是贵重的丝织品,在唐代可以作为货币使用,征收赋税或发放军饷经常用丝帛。子女是指一二十岁的男子和女子。

长安收复后,回纥想按照事先约定实施抢掠。广平王拦住他们,跪在太子叶护马前,说:"今日刚收复长安,如果马上抢掠,东都城中的百姓知道后一定会帮助叛军固守,我们就难以收复东都了。希望打下洛阳以后再照约定进行。"

叶护曾和广平王约为兄弟,而且比广平王年纪小,见广平王跪拜自己,连忙下马答拜,同意先攻下洛阳再抢掠。洛阳收复后,回纥按照约定,对洛阳实施抢劫,一连抢了许多天,广平王对此十分忧虑。洛阳百姓自发地搜集了上万匹罗锦贿赂回纥,叶护这才下令停止抢劫。

洛阳收复后,回纥并没有立即返回大漠。叶护对肃宗说:"军中马少,请允许我把兵留在沙苑(今陕西大荔县南洛水与渭水之间。唐朝在此设沙苑监,以蓄养牛马),我先回草原取战马,然后再为陛下扫除范阳余孽。"肃宗重加赏赐,然后遣叶护回去。

回纥精兵为平定安史之乱立下了汗马功劳,但他们的贪婪和暴虐也让中原百姓遭受不少苦难。对此,杜甫也多有议论。

前文说过，杜甫在《喜闻官军已临贼境二十韵》中，对回纥兵的战斗力以及他们对唐朝的忠心是称赞的。他相信有回纥骑兵的帮助，一定能早日平定叛乱。但当他目睹两京收复后回纥兵的劫掠行为，对朝廷继续使用回纥兵就深感忧虑了。

东都收复后的第二年，回纥葛勒可汗遣使求婚。肃宗册封次女为宁国公主，嫁给葛勒可汗为妻，并为葛勒可汗赐名毗伽阙可汗。宁国公主出塞后，回纥举国欢庆，又派遣精兵继续帮助唐朝平定叛乱。杜甫却高兴不起来，他写了一首《留花门》，对回纥的态度变得极度厌恶：

胡为倾国至，出入暗金阙。中原有驱除，隐忍用此物……长戟鸟休飞，哀笳晓幽咽。田家最恐惧，麦倒桑枝折……胡尘逾太行，杂种抵京室。花门既须留，原野转萧瑟。

花门指的就是回纥，因为回纥的衙帐在花门山堡东北。岑参和杜甫都喜欢用花门来指代回纥。杜甫这几句诗的意思是：这些回纥人又来干吗？一来还这么多，让京城的天空都变得阴暗了。就算是为了平叛吧，我们只好暂时隐忍一下，虽然他们的战马会践踏庄稼。

杜甫在诗中称回纥为"此物""杂种"。杜甫写诗批评人的时候，向来含蓄委婉，如此直接"爆粗口"，可见对回纥有多么厌恶了。

第三部分 骤雨难歇

第十三章　王维：汉诏还冠冕

安得舍罗网

广平王李俶进入东京洛阳时，接受过叛军伪职的三百多人在伪宰相陈希烈的带领下，穿着白衣跪在道旁哭泣请罪。李俶不敢自作主张，命令把他们都送到长安去。

到长安后，御史大夫崔器把这些人都赶到大明宫含元殿前，周围环以手持刀枪的士兵，让他们赤着脚光着头请罪，并请宰相以下的群臣都来观看。当时正是冬季，众人抚胸顿首，痛哭流涕，哀声震天，令人不忍卒听。

崔器向肃宗建议说："这些官员接受安禄山的伪职，按律都该处死。"肃宗正准备依奏执行，同是御史大夫的李岘则说："叛贼攻破两京，天子弃城南巡，人人都各自逃命。这些人都是陛下的亲戚或者功臣子孙，如果一概依律处死，恐怕有违仁恕之道。况且河北叛军还没有消灭，群臣陷在贼中的还有很多。如果能宽恕这些人，他们定会考虑悔过自新。如果都杀掉，则势必让他们铁心跟随叛贼。"

肃宗犹豫不决。李岘争了好几天，肃宗终于听从他的建议，对接受叛军官职的人员以六等定罪。重罪者当众斩首，次者赐自尽，再次者重杖一百，更次者分三等标准流放、贬职。

在这三百余人中，有一个人非常幸运，他不仅没有被治罪，还被重新授予官职——太子中允，品级和他在沦陷前的官职给事中一样，都是正五品。

此人之所以能获得这种罕见的特殊待遇，史家们记载的原因是，他在沦陷时写过一首诗，正是这首诗救了他的命。诗的名字很长，叫作《菩提寺禁，裴迪来相看，说逆贼等凝碧池上作音乐，供奉人等举声，便一时泪下。私成口号诵示裴迪》。后人为了方便，简称《凝碧池》：

万户伤心生野烟，百僚何日更朝天？
秋槐叶落空宫里，凝碧池头奏管弦。

这首诗的作者就是王维。诗写在一年多前，也就是至德元载的秋天，当时他被安禄山囚禁在洛阳的菩提寺。

玄宗出逃之后，叛军迅速占据长安。安禄山并没有把都城移到长安，而是派人把长安府库的兵器、甲杖、文物、图籍，教坊中的歌舞艺伎，后宫的嫔妃宫女，甚至犀牛、大象、马匹等，都运到洛阳。王维此时担任给事中（属门下省，主要负责审查、驳正政令），没来得及跟从玄宗逃跑。王维精通音律，能诗善画，安禄山早就听说他的大名，就令叛军找到他,把他押送到洛阳,让他仍然担任给事中一职。

王维早有准备,他偷偷服药,弄得自己上吐下泻,假称嗓子坏掉说不出话。安禄山没办法,就把他暂时拘禁在菩提寺。

有一天,好朋友裴迪来看望王维,并跟王维讲了一件事情:安禄山在洛阳称帝后,对战争形势并不太关心,反而四处访求乐工,很快就找到数百梨园弟子。于是在东都禁苑的凝碧池旁召集众贼和伪官,把搜罗来的皇家珍宝罗列于前,让大家观看,并令人作乐。梨园弟子们思念唐皇旧恩,不觉相视而泣,众贼人就拔刀威胁他们。其中有个叫雷海清的乐工,把手中乐器扔到地上,面向西方痛哭。贼人把他绑在戏马台上,活活肢解了给乐工们看,众人看了更加伤恸。

王维听说此事,心中悲痛难忍,就口诵了两首诗。一首是《凝碧池》,另一首是《菩提寺禁口号又示裴迪》:

安得舍罗网,拂衣辞世喧。悠然策藜杖,归向桃花源。

《凝碧池》后来传到肃宗面前,肃宗看过很感动,不仅没有治王维的附贼之罪,反而授予他太子中允之职,并加集贤殿学士。不久又迁为太子中庶子、中书舍人,并重新拜为给事中。

中允声名久

一首《凝碧池》不仅保全王维的性命,甚至还成就了他的声名。一年之内,他就从一个"陷贼官"迅速官复原职,不能不说他是非常幸运的。

当时同在朝中担任左拾遗的杜甫,也写了一首诗为王维辩护——《奉赠王中允》:

中允声名久,如今契阔深。共传收庾信,不比得陈琳。
一病缘明主,三年独此心。穷愁应有作,试诵白头吟。

这首诗里提到的庾信,曾在南朝侯景之乱时,率众归附朝廷;陈琳在建安年间,曾为袁绍所用,袁绍兵败后,陈琳归附曹操。末一句提到的《白头吟》,相传是卓文君所写的诗。《西京杂记》记载司马相如准备聘茂陵女子为妾,卓文君遂写诗表示和司马相如断绝关系。杜甫以忠贞不二的庾信和卓文君来比喻王维,认为王维装病三年不任伪职,忠心可鉴。

对比王维的经历,杜甫的另一位好友郑虔所受的惩罚就显得不公平了。

郑虔是广文馆博士,是杜甫潦倒长安时为数不多的几位好友之一。他的侄子郑潜曜和杜甫的关系也很密切,杜甫有多篇诗文提到这对叔侄。郑虔于天宝十三载(754年)任著作郎,安史之乱爆发后被掳去洛阳,安禄山授他水部郎中之职。他托病未就职，并偷偷给肃宗写信表忠心，这可比王维的表态更积极主动。但收复东京后，郑虔还是遭到流放，被贬到三千里外的台州做司户参军，后来死在那里。

王维对自己"陷贼官"的经历非常不安，这几乎成了他晚年的一块心病。他感觉自己大节已亏，但又不知道如何洗清这奇耻大辱。他在《谢除太子中允表》中，对自己陷贼之后不能自杀深以为愧。他坚持不愿就职，请求出家修行。他认为只有全心奉佛、诵禅，才能消解自己良心上的悔愧。他把自己经营多年的辋川别业捐出，改为寺院，每日退朝之后，只是焚香独坐，念佛诵经。在《叹白发》这首诗里，他说："一生几许伤心事，不向空门何处销？"

一直到去世前一年，他还在《责躬荐弟表》中向肃宗表白："我陷于逆贼之中，不能杀身成仁，却背负国家苟且偷生，以至活到今日……我在被贼拘禁时曾泣血自思，如果有一日能再回到我大唐，我愿意立即出家修道。"

对于早年一再标榜的隐士生活，他也开始反省。在《送韦大夫东京留守》中，他写道："曾是巢许浅，始知尧舜深。"意思是说我曾经追求巢父、许由那样的隐士生活，如今才知道，只有尧舜这样积极入世、兼济天下苍生，才是更有意义的人生。

肃宗当然没有答应王维出家修道的要求。不仅如此，又进一步迁升王维为尚书右丞。这是正四品的高官，主管尚书省兵部、刑部、工部十二司，在尚书省是排第五位的重要职位。除了尚书令、左右仆射和尚书左丞，就是尚书右丞了。

王维少年时就有才名，二十一岁就中进士，但终玄宗一朝，他始终不得重用，反倒是在肃宗执政的九年间，以"陷贼官"的身份连连升迁。相比之下，杜甫在国家最危难的时候投奔肃宗，却因为一言触逆，就被赶回鄜州省亲，实在令人叹息。这其间固然有皇帝个人喜好的成分，但也反映出肃宗和玄宗在政治上的深层考量。

以王维卓越的音乐才华，在雅好音乐的玄宗面前不被重视，最主要的原因是他曾经与诸王交游过多，这犯了玄宗的大忌。肃宗即位之后，与太上皇的关系一直很紧张。出于巩固权力的考虑，他对曾经跟随太上皇的重臣都很排斥，而对王维这样曾经被玄宗惩治过的大臣更愿意亲近。

这些政治上的深层考虑，也许杜甫在北征鄜州的时候还不甚明了。当他再次返回长安之后，很快也就明白了。

第十四章 杜甫：移官岂至尊

联步趋丹陛

两京收复之后，大唐王朝举国欢庆。至德二载（757年）十月二十四日，肃宗车驾返回长安。长安百姓出城奉迎，沿途二十里都是迎接的人群。百姓又唱又跳，高呼万岁，不少人喜极而泣。

十二月三日，太上皇法驾从蜀地辗转来到咸阳行宫，肃宗亲自前来迎接。次日，两人一同返回长安。肃宗亲自为太上皇牵马，走了好几步，太上皇阻止了他。肃宗骑上马在前面引路，不敢走在道路中央。太上皇告诉身边的人说："我做天子五十年，没有感到高贵，今天做了天子的父亲，才感到高贵啊！"

到长安后，太上皇在大明宫含元殿接见文武百官，又到长乐殿拜谒列祖列宗，痛哭一场，然后就到兴庆宫住下来。肃宗几次上表，请求太上皇复登皇位。太上皇当然不答应，也不能答应。这都是过场。

十二月二十二日，史思明派人送来降表。肃宗非常高兴，就封史思明为归义王、范阳节度使,对史思明的七个儿子也封以大官。又派宦官李思敬与朝官乌承恩前往范阳,安抚史思明,让史思明率领部下将士去讨伐安庆绪。

杜甫是十一月从鄜州返回长安的,此时的长安一片中兴祥和的气象。朝中为官的有很多都是他的朋友,如岑参、贾至、严武、房琯等。房琯虽然被罢去宰相之职,但还担任着太子少师的散官。所谓散官,就是只有等级名号,而无实际职务,平时领领俸禄,基本没什么事情可做。

次年二月,肃宗改年号为乾元。这两个字出自《易经》:"大哉乾元,万物资始,乃统天。"大意是讲天道蕴含着极强大的生命力,是万物生长的原力,贯穿整个天地。看来朝廷上下都认为,大唐王朝将要再创辉煌。虽然此时安庆绪还在邺城负隅顽抗,但基本上已是强弩之末,灭亡只是迟早的事。

一日早朝退后,中书舍人贾至做了一首《早朝大明宫呈两省僚友》。这首诗主要描写天色将明未明的时候,大明宫里柳绿莺啼、御炉飘香、百官穿戴整齐、鱼贯上朝的场面。这是一首政治色彩很浓的诗,句句都是对朝廷的赞誉,没什么思想内涵,却引来杜甫、王维、岑参等人的同题唱和。

四人都是人中俊杰,诗作得当然都很好。千百年来无数人对这四首诗议论纷纷,有的说杜甫格法谨严,有的说王维气象阔大,有的说岑参秀色可览。可以想见,在当时的长安,这一定是件文坛盛事,肯定也吸引了无数人的传诵和评论。

单从这几篇诗作上看，大唐真是气象恢弘、国泰民安、俨如盛世，其实并非如此。在大唐朝廷看上去和平肃穆的景象中，实则隐藏着激烈的政治斗争。几位诗人对此也多有感触。

首先岑参就感觉过得很委屈。他当时有一首诗，是写给杜甫的——《寄左省杜拾遗》：

联步趋丹陛，分曹限紫微。晓随天仗入，暮惹御香归。
白发悲花落，青云羡鸟飞。圣朝无阙事，自觉谏书稀。

拾遗属门下省，官署在大明宫宣政殿东廊日华门外左侧，所以称左省。岑参当时任中书省右补阙，官署与门下省相对，在大明宫宣政殿西廊月华门外右侧。此诗的前两句，写自己与杜甫每日同时上下朝；三、四句写朝会时的景象；五、六句说自己年纪衰老，青春不在，却不得重用；结尾两句表面上是说朝廷无错失可以进谏，实则是说自己意见不被朝廷重视，故而进谏的奏章少了。其实当时叛乱未平，怎可能无"阙事"呢？

在另一首《西掖省即事》中，岑参甚至萌生了归隐的念头："官拙自悲头白尽，不如岩下偃荆扉。"

杜甫回赠岑参的诗《奉答岑参补阙见赠》，写得很含蓄。除了写景之外，只说了一句："故人得佳句，独赠白头翁。"言下之意似乎是："我懂你，你明白的。"倒是在另一首《题省中院壁》中，他表达了与岑参类似的意思："衮职曾无一字补，许身愧比双南金。"这两句明写自己做左拾遗的官职，却无一个字为皇帝匡补缺漏，很是不安与惭愧，暗含的则是理想难以实现的失落。

杜集有两首鼓吹人生易老、当及时行乐的诗——《曲江二首》，也恰恰写于此时。

其一：

一片花飞减却春，风飘万点正愁人。
且看欲尽花经眼，莫厌伤多酒入唇。
江上小堂巢翡翠，花边高冢卧麒麟。
细推物理须行乐，何用浮名绊此身？

其二：

朝回日日典春衣，每日江头尽醉归。
酒债寻常行处有，人生七十古来稀。
穿花蛱蝶深深见，点水蜻蜓款款飞。
传语风光共流转，暂时相赏莫相违。

第一首由路边古人坟墓想到人生苦短，劝诫说应当及时行乐，不要被浮名绊住此身。第二首则解释了自己之所以经常喝酒行乐，正是因为年龄大了，时光不多。

这两首诗，在杜甫集中显得很另类，语句圆活自然，思想则很消极，与他平日铿锵顿挫的诗风迥然不同。不能仅凭两篇诗作就推断杜甫也有圆融恬淡的一面，杜甫自始至终都是一个对家国、君父保持着深沉爱恋与忧思的人。这两首诗表现出来的消极，恰恰反映了他被肃宗遗弃后的深深失望。

去住损春心

就在贾至写完《早朝大明宫呈两省僚友》不久，三月份，他便被肃宗赶出朝廷，贬到汝州做刺史。杜甫赠诗宽慰他："艰难归故里，去住损春心……人生五马贵，莫受二毛侵。"意思是说汝州离你的家乡洛阳很近，你虽然仕途不顺，但也算回归故里了。只是你我一走一留，以后怕是再难见面，实在令人伤心。刺史出行能用五马驾车，也算是显贵的官职了，杜甫嘱他不要太失望，好好保重身体，留意别长出白头发。二毛，指的是头上长出白发后，呈现出黑白两种颜色。

杜甫没料到，三个月后，自己也被赶出了长安。

五月，宰相张镐被罢免，贬为荆州大都督府长史。六月，房琯、严武、杜甫同时被贬。房琯被贬为邠州刺史，严武由京兆少尹被贬为巴州刺史，而杜甫，则被贬为华州司功参军。

贾至被贬的原因，史书没有具体记载，但清人钱谦益分析，认为还是因为房琯事件。当初房琯被罢相，门客董庭兰贪贿只是个借口，实际原因是房琯向玄宗建议让诸王分制天下。这个建议被玄宗采纳后，以诏书颁布天下，而诏书是由贾至起草的。后来房琯率兵反攻长安，也曾辟请贾至做自己的幕僚，所以肃宗把贾至看作房琯一党的人。

房琯、严武被贬的直接原因，则是结党营私。这并不是肃宗捏造罪名。《旧唐书》记载，房琯虽然被罢免了宰相之职，但是朝中仍然有不少大臣为他说好话。房琯本人也常自夸，说自己文武全才，应该为国家效力，希望肃宗能再任用自己。他门下宾客很多，有人就将他的话传到肃宗耳朵里。房琯经常称病不上朝，这也让肃宗很不高兴，终于决定把他贬出朝廷。

至于张镐，他的被贬实在有些冤枉。张镐是开元天宝年间的奇人，早年游历京师，见仕途无望，回家隐居，五十岁了还是一介布衣。天宝末年，杨国忠想网罗天下英才，以提高自己的声望，听说张镐很有才，就举荐他为左拾遗。张镐确实很有才干，安禄山起兵后，杨国忠多次向张镐咨询军国重事。张镐向杨国忠举荐赞善大夫来瑱，称他可独当一面，来瑱后来果然屡破叛军。

玄宗出逃后，张镐步行扈从玄宗，直到蜀地。后来玄宗得知太子即位，便命张镐去辅佐肃宗。张镐到凤翔后，因奏议多有补益，被拜为谏议大夫。房琯罢相后，张镐被拜为宰相，担任中书侍郎、同平章事。三个月后，肃宗又让他兼任河南节度使，都统淮南等诸道军事。

两京光复后，张镐被加封银青光禄大夫、南阳郡公，镇守汴州，对叛军余孽加以招抚、征伐。至德二载（757年）十一月，在张镐的统领下，鲁炅、来瑱、李祗、李嗣业、李奂五位节度使收复河南、河东各郡县。

十二月，史思明被形势所迫，上表请降。张镐担心朝廷应允，密奏道："史思明凶残阴险，包藏祸心，与禽兽相同。我们能以计谋击败他，却难以用仁德感化他。"同时又劝肃宗提防滑州防御使许叔冀，说他可能会叛乱。但肃宗对史思明很信任，从范阳回来的宦官也在唐肃宗面前极力称赞史思明、许叔冀的忠诚。唐肃宗于是以"不切事机"为由，罢了张镐的宰相之位。而事实是，史思明后来果然再次背叛朝廷。

肃宗朝的宰相任期都很短，长不过两年，短则仅两个月，这说明肃宗对李林甫长期专权的危害深恶痛绝。他本人曾深受李林甫的迫害，几次差点丢掉性命，即位后曾一度想把李林甫的尸首挖出来挫骨扬灰。他努力避免重蹈玄宗朝晚期的覆辙，但从张镐被贬可以看出，肃宗并不比天宝年间的玄宗更高明。

虽然宰相被罢免的理由不尽相同，但综合来看，到乾元元年五月，肃宗即位仅一年半，曾跟随过太上皇的宰相就基本都被罢免了，可见肃宗对太上皇的防范意识比较强。

这其实也很容易理解。首先，肃宗在太子之位上苦挨了近二十年。二十年来李林甫等人所施加于他的一切羞辱与迫害，都是在玄宗的纵容与默许下进行的。玄宗对他并无特殊的关爱，这一点他内心十分清楚。其次，马嵬驿军士哗变杀死杨国忠，又逼死杨贵妃，肃宗曾经参与密谋。最严重的是，肃宗在灵武即位，事先并未得到玄宗的批准，尽管在既成事实面前，玄宗认可了他的行为。玄宗做了四十多年皇帝，其社会上的影响力不可低估，因此对于牵涉父皇的一切信息，肃宗都特别敏感。例如，关于太上皇住在兴庆宫一事，肃宗就深感不安。

长安城北有大明宫，西有太极宫。东边还有一个兴庆宫，挨着春明门，因为在大明宫之南，一般称"南内"。太上皇喜欢兴庆宫，所以从蜀中返回长安后，就一直居住在兴庆宫中。左龙武大将军陈玄礼与内侍监高力士在此长期陪伴、护卫太上皇。肃宗又命令玉真公主、如仙媛、内侍王承恩、魏悦及梨园弟子等经常在太上皇左右，以使他欢娱。太上皇经常登临长庆楼向外眺望，过路的父老百姓看见后，向他下拜，并高呼"万岁"，太上皇就在楼下设置酒宴赏赐他们。

宦官李辅国出身贫贱，太上皇左右的人都瞧不起他。李辅国心中怀恨，对肃宗说："太上皇居住在兴庆宫中，每天都与外面的人交结，特别是陈玄礼与高力士，在谋划不利于陛下的事。现在禁军的六军将士都是在灵武拥立陛下即位的元勋功臣，他们心中不安，都议论纷纷。我虽然多方给他们解释，但他们不听，所以不敢不向陛下报告。"

肃宗说："父皇仁慈，怎么会有那种事呢？"李辅国又说："上皇固然不会做那种事，但他周围的那些小人就难说了！陛下是天下的君主，应该为国家的前途着想，消除内乱于萌芽之时，怎么能够遵从凡夫之孝而误了国家大事呢？再说兴庆宫宫墙低矮，墙外坊市居民混杂，不是上皇所应该居住的地方。皇宫内戒备森严，如果把上皇迎进来居住，与兴庆宫没有什么不同，还能杜绝那些小人蛊惑上皇。这样，对于上皇来说可以享受终身之安，对于陛下来说可以一日三次去请安问好，有什么不好呢？"肃宗不答应。

兴庆宫原先有马三百匹，李辅国假称有诏书，命令取走这些马，仅留下十匹；又命令禁军六军将士在肃宗面前号哭叩头，请求将太上皇移居到太极宫内。肃宗哭泣，仍不应。

事情办不成，李辅国反而感到惧怕。上元元年（760年）八月，时逢肃宗身体有病，李辅国伪称肃宗有话，迎接太上皇到太极宫游玩。等太上皇到了睿武门，李辅国就率领殿前射生手五百骑，拔刀出鞘拦住道路，强行将太上皇迁居到太极宫，并将陈玄礼、高力士以及过去的宫人都赶走，不许留在太上皇身边。

当天，李辅国即与六军将领身着白衣去见肃宗请罪。肃宗迫于诸位将领的压力，就慰劳说："上皇居住在兴庆宫或太极宫，有什么区别呢？你们恐怕那些小人蛊惑人心，防微杜渐，是为了安定国家，又有什么可害怕的呢？"

这件事表面看来完全是李辅国的个人行为，但跟当年马嵬兵变一样，如果没有猜透肃宗的心思，李辅国是万万不敢的。

乾元元年（758年）六月的一天，杜甫骑马走出长安城，准备到华州履职。在城西的金光门外，他久久伫立，回望城中的千门万户，思绪万千：

此道昔归顺，西郊胡正繁。至今残破胆，应有未招魂。
近侍归京邑，移官岂至尊。无才日衰老，驻马望千门。

去年春天，杜甫曾悄悄从此门溜出长安，逃归凤翔肃宗行在。当时长安尚在叛军控制之下，尤其西郊是两军相持的最前线，一路上杜甫所见叛军何止千万！回想当时的种种危险情形，杜甫至今心有余悸。

历经苦难到达皇帝身边后，满以为从此可以有一番作为，没想到仅过一年，自己就被皇帝赶出长安。他内心对肃宗其实有很多怨怼，但他对皇帝一贯忠诚，并不愿表现出来，是以反而为皇帝辩解：华州距长安很近，仍属京畿之地，看来皇帝还是照顾自己的；而且，自己被调离长安也并非皇帝的本意，而是由于自己既无才能又日渐衰老。

但是这些违心的辩护，全被诗题暴露了。这首诗的题名很长，叫作《至德二载，甫自京金光门出，间道归凤翔。乾元初，从左拾遗移华州掾，与亲故别，因出此门，有悲往事》。其实完全可以简单写作：《出金光门有感》，或者《出金光门有悲往事》。但是那样读者就很难体会他内心的委屈、失望、悲伤、留恋等复杂情感了。

鲁迅先生说,他读向子期《思旧赋》时,很奇怪为什么刚开头就煞了尾。我们读此诗也很容易产生这种戛然而止的感觉,总觉得杜甫有什么话没有说完。诗题那么长,诗文又那么短!如此重要的人生变故,他仅写了区区四十字,而且还都只是在回忆去年的往事。似乎一切都藏在"驻马望千门"的无言凝望之中了。

这也是最令人伤怀的一幕。因为,这是杜甫最后一次凝望长安了。此日一别,他再也没有回过长安。

第十五章　高适：睢阳祭张巡

留司洛阳宫

乾元元年（758年）春天，贾至、张镐等人被贬出长安的时候，远在扬州的高适也接到朝廷的诏书。诏书免去他的淮南节度使之职，改为太子少詹事，让他返回东都洛阳。

太子少詹事是詹事府的二号长官，其实是个闲职。詹事府统管太子东宫所属的"三寺""十率府"的政令、制度、职务和具体事务等。东宫的行政班子虽然比拟于朝廷的正式行政班子，但平时是不用的，只有在皇帝生病、外出等特殊情况下，需要太子监国的时候，才会动用。所以东宫的官职自玄宗朝后期，基本上是用来安置退休闲散官员的。比如天宝元年，玄宗就听信李林甫的谗言，把严挺之安排到洛阳任太子詹事。

高适被贬，主要是因为宦官李辅国的谗言。《旧唐书》记载，李辅国厌恶高适正直敢言，就在肃宗面前说高适的坏话，肃宗于是贬高适为太子少詹事。当时詹事府的一把手太子詹事，正是李辅国。

高适确实敢于批评时政。早在潼关失守后,他曾为玄宗分析失败的原因:一方面是哥舒翰年老病衰,一方面也是由于监军宦官李大宜每天吃喝玩乐,不体恤士卒所致。他还说,现在南阳守军中也安排了宦官作为监军,对指挥军事的将领形成很强的掣肘,建议玄宗撤掉监军的宦官。仅从他这番言论来看,他得罪李辅国是一点都不奇怪的。

高适接到诏书后,便从扬州沿大运河北返,走到睢阳(今河南商丘市)的时候,已经是五月份了。这里是他的家乡,他在四十六岁解褐任封丘尉之前,基本一直住在这里。睢阳又称宋州,天宝元年(742年),玄宗改州为郡,改刺史为太守,宋州更名为睢阳郡。睢阳城处在京杭大运河的中段——汴河的北岸。汴河北接黄河,南通淮河,是当时南北交通的要道。睢阳商旅往来,舟车会集,既是经济重镇,又是兵家必争之地。从睢阳向东南,过亳州、徐州,便可由淮河直抵江南,所以当时人都把睢阳看作江南的屏障。

高适路过睢阳的时候,睢阳已经失去往日的繁华景象,满目疮痍,城池残破,屋舍尽毁。高适心中虽然早有准备,看到此景还是悲从中来。

睢阳城自去年夏天被叛军围困,守城军民坚守孤城,与叛军大大小小四百余战。在粮食吃尽的情况下,靠吃老鼠、皮甲,甚至吃人,坚持了半年之久,彻底打乱了叛军南下江淮的计划。

领导这场守卫战争的是张巡和许远。张巡在城破后被杀,许远则被押送到洛阳。去年十月，安庆绪在逃离洛阳之前，许远也被杀害。

高适和张巡、许远并不熟悉，但对他们的精神十分敬佩。他亲自到二位英雄的灵前祭奠，并写下一篇感人的祭文《还京次睢阳祭张巡许远文》。文中不仅对张巡和许远的英勇事迹进行褒扬，也对当时见死不救的其他将领进行了严厉谴责。

睢阳保卫战是安史之乱中的著名战役，一千多年后，还被人反复提起，至今商丘古城南门外仍有纪念张巡的祠堂。人们谈论睢阳保卫战，不仅因为张巡等人艰苦惨烈的战斗历程，还因为它的失败其实是可以避免的，大家都对此感到惋惜。

睢阳保卫战开始于至德二载（757年）四月。在此之前，张巡已经带兵在睢阳东边的雍丘县坚守半年。

接战春来苦

安禄山起兵的时候，张巡在真源县（今河南鹿邑县）做县令。真源县当时属谯郡（治所在今安徽亳州市），谯郡太守杨万石投降叛军，逼张巡也投降。张巡气得在玄元皇帝庙里大哭一场，号召吏民起兵对抗叛军，响应他的有一千多人。

雍丘县就是现在河南商丘的杞县，在真源县西北二百里处，也在汴河岸边，是汴州到睢阳的必经之地。雍丘县令令狐潮见叛军势大，就打算投降，城中吏民百余人不肯投降，令狐潮就把他们全抓起来准备杀掉。此时正好有贼来攻城，令狐潮领兵出城，被抓的人自己解开绳索，关紧城门不让令狐潮进城。张巡就趁着这个机会带人进入雍丘。令狐潮领叛军围攻雍丘，张巡带三千守军坚守了六十多天，把四万攻城的叛军打得损兵折将，灰溜溜地退兵。

叛军攻不下雍丘，就在雍丘北更筑新城，称为杞州，准备断绝雍丘的粮食供应。至德元载（756年）十二月，贼将杨朝宗率兵两万，准备袭击雍丘与睢阳中间的宁陵。宁陵在雍丘的后方，一旦失守，雍丘即为孤城。张巡于是撤离雍丘，东守宁陵，宁陵属睢阳辖地，张巡在宁陵认识了睢阳太守许远。张许二人合兵与杨朝宗大战数十个回合，斩敌首万余级，最后叛军收兵连夜逃走。肃宗得到战报后，下敕书任命张巡为河南节度副使。

至德二载（757年）正月，安庆绪再派贼将尹子奇率兵十三万攻睢阳。许远向张巡求援，张巡就率兵从宁陵进入睢阳，二人合兵共六千八百人。叛军全力攻城，张巡亲自督战，勉励将士，昼夜与叛军苦战，激战十六日，俘虏叛军将领六十多人，杀死叛军士卒二万多，士气大振。叛军攻城不下，趁夜退去。

许远见张巡智勇双全，就主动将指挥权交给了张巡。

四月，尹子奇调来更多兵力，把睢阳紧紧围住。张巡在夜间击鼓整理队伍,做出要出击的样子,叛军闻知,整夜严备。天亮后,张巡却停鼓息兵,叛军瞭望城中,什么动静也看不见,于是解甲休息。这时,张巡与将军南霁云、雷万春等十多名将领,各率五十名骑兵突然打开城门杀出,直冲叛军营地,来到尹子奇的战旗下,敌营顿时大乱。唐军杀死敌将五十余人,士卒五千余人。张巡想要射杀尹子奇,但不认识他,于是故意削蒿草做箭头射出去。被射中的叛军以为张巡他们的箭头已射完,就去报告尹子奇,张巡因此认出了尹子奇,并下令让南霁云射击,南霁云射中尹子奇左眼,还差一点抓获他。尹子奇只好收兵退去。

七月初六,尹子奇又征兵数万名,继续围攻睢阳。叛军制作了云梯,形式高大,如半个彩虹,可站立二百精兵,打算让士兵跳入城中。张巡事先在城墙上凿了三个洞,等待云梯快临近时,从一洞中伸出带铁钩的大木头,钩住云梯使其无法后退,从另一洞中伸出一根木头,顶住云梯使其不得前进,最后一洞中再伸出一大木头,头上安装一个铁笼,笼中装火,焚烧云梯。云梯从中间被烧断,梯上的士卒全部被烧死。

之后叛军又尝试钩车、木驴、堆阶道等多种办法攻城,都被张巡出奇计一一化解。叛军佩服他足智多谋,不敢再来进攻,就把睢阳围了起来。

先前,许远于睢阳城中积蓄资粮达六万石,但时任河南节度使的虢王李巨命令许远分一半给濮阳、济阴二郡,许远坚决反对,但意见未被采纳。济阴得到粮食以后,随即开城投降了叛军。尹子奇又来攻城的时候，睢阳城中的积粮已被吃尽，将士每人每天只给米一合（一两多点），掺杂着茶纸和树皮来吃。不仅吃不饱饭，受伤生病也得不到救援，士卒损耗巨大，已经无力出城迎战，只能在城内坚守。而叛军却粮道畅通，兵员充足。

后来，睢阳的士卒仅剩下六百人，张巡与许远把全城分为两部分，张巡守东北，许远守西南，二人与士卒一起吃茶纸，日夜苦战，不再下城。面对前来攻城的叛军，张巡对他们讲忠君爱国的道理，经常有人脱离叛军，前来投诚。

无人报天子

其实这个时候，睢阳附近有几支唐军。许叔冀在谯郡，尚衡在彭城（今江苏徐州市），贺兰进明在临淮（今江苏盱眙县），但他们都拥兵不救。睢阳守军日益艰难，张巡命令南霁云率领三十名骑兵突围出城，往临淮去求援兵。

南霁云到达临淮，见到河南节度使贺兰进明，贺兰进明说："现在睢阳城不知存亡，派援兵去又有什么用呢？"南霁云说："我以性命担保，睢阳城还没有被攻陷。再说睢阳如果被叛军攻占，下一个就是临淮。此二城犹如毛皮相依，怎么能够见死不救呢？"

临淮在汴河下游与淮河交界处，距离睢阳有六百里，骑兵急行数日便可到，但贺兰进明不愿意发兵救援。他欣赏南霁云勇猛无敌，想让他留下跟随自己。南霁云知道他无意救援，只好痛哭离开，返回睢阳。守城将士与官吏得知救兵无望，都大声痛哭。叛军知道没有援兵，围攻得更加急迫了。

贺兰进明不敢分兵去救援睢阳，一方面可能是嫉妒张巡、许远的功名，另一方面也是害怕遭驻扎在谯郡的许叔冀袭击。之前，宰相房琯任命贺兰进明为河南节度使，又任命许叔冀为河南都知兵马使。节度使和都知兵马使都是使职，没有官阶，而两人都兼任正三品的御史大夫，论官阶其实一样大。许叔冀自恃手下兵力强壮，不接受贺兰进明节制，所以贺兰进明一直对许叔冀十分戒备。从临淮发兵去往睢阳，要途经谯郡，这更让贺兰进明犹豫不决。

八月份，肃宗令宰相张镐取代贺兰进明。张镐得知睢阳危急，率兵日夜兼程前往临淮，同时发文书通告浙东、浙西、淮南、北海等节度使，以及亳州太守闾丘晓，让他们赶紧发兵救睢阳。

在此前后的时间，高适也从扬州给贺兰进明和许叔冀分别写信，一边让贺兰进明发兵救睢阳，一边劝说许叔冀冰释前嫌，勿与贺兰进明为敌。两封信都没起到什么作用。

这就很容易理解高适的心痛了。他在《还京次睢阳祭张巡许远文》里愤怒地批判道："十城相望，百里不救……呜呼！当此虎敌，岂无强邻？常时肝胆，今日越秦。"意思是说当睢阳危急之时，周围十数个城市都在观望，距离仅百里之遥,却都不肯救援。平日常说肝胆相照,出事了却漠不关心,仿佛是遥远的陌生人!

贺兰进明本身也是诗人,元代辛文房编撰的《唐才子传》将贺兰进明列入其中。书中称他好古博雅、经籍满腹。现在从《全唐诗》里还能读到他写的诗,共有七首,虽非佳作,但也有几分才情。但是在唐史中,他并不是个受欢迎的角色。先是进言挑起了肃宗对房琯的厌恶,后来又坐视睢阳陷落不救。前者尚可说是房琯咎由自取,后者则实在太无道义。

张巡是进士出身,在开元末年以第三名进士及第。据说他博览群书,下笔成文。《全唐诗》记载,他曾有《谢金吾将军表》流传下来,其中有两句话:"臣被围四十七日,凡一千八百余战。当臣效命之时,是贼灭亡之日。"文辞悲壮,读之令人慨叹。

张巡留下诗歌二首,都写于战争期间。一首是《闻笛》,写在战斗间歇的夜晚,自己登山岗时听见更楼上有人吹笛,思绪茫然,对时局感到忧虑:

岧峣试一临,虏骑附城阴。不辨风尘色,安知天地心。
营开边月近,战苦阵云深。旦夕更楼上,遥闻横笛音。

另一首是《守睢阳作》,描写了战争的艰难场景,抒发了自己坚贞不屈的战斗决心,同时对得不到救援感到伤心:

接战春来苦，孤城日渐危。合围侔月晕，分守若鱼丽。
屡厌黄尘起，时将白羽挥。裹疮犹出阵，饮血更登陴。
忠信应难敌，坚贞谅不移。无人报天子，心计欲何施。

王昌龄之死

张镐率兵赶到临淮的时候，睢阳城已陷落三天了。张镐召集大军准备反攻，而亳州太守闾丘晓来得最晚。张镐本来就恨他不肯救援，便趁此机会下令用棍子打死他。闾丘晓所在的谯郡距离睢阳仅一百二十里，但闾丘晓素来刚愎暴戾，接到张镐的信后不予回复，又担心救援失败会连累自己，所以逗留不前。张镐杀他并不冤枉。

闾丘晓死前请求饶命，说："我尚有亲老需要奉养。"张镐怒道："王昌龄的亲老现在由谁抚养呢？"

闾丘晓默然不语。

王昌龄被杀，世人多传为闾丘晓所为。

据《新唐书》记载，王昌龄被贬龙标尉，因为世乱，弃官返乡，半路被亳州刺史闾丘晓所杀。此事《旧唐书》没有记载，不知道欧阳修编《新唐书》时依据的是什么材料。元代的《唐才子传》说闾丘晓忌恨王昌龄，但也没说具体原因。

王昌龄以七言绝句见长，后人称之为"七绝圣手"，很多人认为他的七绝仅次于李白。其《从军行》七首，写尽边塞将士的豪情与离愁；其《出塞》二首，仅"秦时明月汉时关"一句，便堪称唐诗七绝的压卷之作。

以王昌龄如此之才情，却一生困顿，始终处在基层职位，并且数次被贬，实在令人惋惜。

王昌龄的年纪大约与孟浩然相当，比李白略长几岁。年轻时曾在安西等地漫游，他的边塞诗主要写于此时。开元十五年（727年）他进士及第，授校书郎，开元二十二年（734年）又中博学宏词科，迁汜水尉，后贬岭南，又转为江宁县丞，接着再被贬到龙标县。

安史之乱起时，王昌龄快六十岁了，正在龙标尉任上。他是京兆人，也就是长安人，年老思乡，又值世乱，就决心弃官回家。弃官的具体时间不清楚，合理的推测是在玄宗西逃之后。龙标尉虽然只是九品小官，但也由朝廷任命。唐律明文规定，官员擅离职守是违法的，王昌龄肯定知道这一点。玄宗西逃之后，举国上下乱作一团，官员百姓四散奔逃，王昌龄此时弃官似更合理。

龙标县即今天湖南黔阳镇，从这里返回长安主要有两条路，或由陆路经南阳入关中，或乘船沿长江绕道扬州，经京杭大运河过汴州向西入关中。古时候车马劳顿，不仅辛苦，且不安全，远不如乘船轻便稳妥，所以王昌龄选择了水路，这便路过闾丘晓所辖的亳州。亳州再向北就是睢阳，叛军正和唐军打得激烈，王昌龄不能继续向前，便滞留亳州，不幸落到闾丘晓的手中。

王昌龄是一位不拘小节的人,史书记载他两次被贬,皆是因为"不护细行",就是说在一些小事上不太在意。王昌龄自己也反省过,他在《见谴至伊水》中说:"得罪由己招,本性易然诺。"认为正是自己重信守诺的性格,导致获罪被贬。

闾丘晓则是个刻薄寡恩、刚愎自用的人,王昌龄得罪他并不奇怪。王昌龄弃官回家,确实触犯了唐律,但由此杀掉他就太过分了。按照唐律,在职官员无故逃走者,要受杖刑。逃一日杖责五十,三日加一倍;超过一百杖,每多五日再加一倍。在《唐律疏议》中,对此罪又解释说,在职官吏无故逃亡五十六日,当处以流放三千里的惩罚。

另外唐律中还规定,官员犯罪是可以官当的。就是说只要不是"十恶"或"五流"等重大罪过,都可以以官职来抵罪,不用实际受刑。

再者,王昌龄犯罪,理应由朝廷制裁,闾丘晓以亳州刺史的身份治王昌龄的罪,是超出了职权范围的违法行为。

总之,闾丘晓杀王昌龄是不合法的,王昌龄死得实在冤枉。乱世之中,法律毫无权威可言,任何手握兵权的人都可能任意解释法律,枉杀无辜,而弱者只能沦为枉法行为的牺牲品。王昌龄虽是一位享有盛誉的诗人,一位朝廷授命的官员,但在这兵戈遍地的岁月里,只能同手无寸铁、无职无权的普通百姓一样,任人宰割。

第十六章　李白：夜郎万里道

叹我远移根

至德二载（757年）秋冬之际，两京收复，睢阳陷落。时任宰相兼河南节度使的张镐，正忙着统领诸军讨伐叛军余孽，戎马匆忙间，忽然收到从宿松县寄来的两首诗。诗写得很长，足有四百多字。字数虽多，主题却很明确，大意是表明自己愿意帮助朝廷铲灭叛军，请求张镐给自己一个机会到军前效力。

诗的作者是李白。为了说服张镐，李白在诗中自言是汉代李广之后，曾世代居住在陇西地区，而众所周知，陇西人都是很勇武的；又说自己十五岁就开始读"奇书"，文采比司马相如还好，连玄宗当年对自己也恩宠有加。赞扬完自己，李白又说，他要剿灭叛军并不是为了自己立功，只是为了报效朝廷，事成之后自当归隐山林，修道求仙。

写这两首诗时，李白刚刚从宋若思处来到安徽宿松县养病。此时的他，已经五十六岁了，仍然壮心不已。一方面，"安邦平天下"本就是他毕生的理想；另一方面，自从因永王案被系浔阳监狱以来,他迫切需要一个机会证明自己。

李白在诗中把自己和张镐比作管仲与鲍叔牙,并详述自己现在病卧宿松山,无人依傍的悲辛景象。他说:"我就像水面上的青萍,相公您就像飞扬的大风,您只要轻轻一吹,我自然就能舞动起来。"

从李白的诗来看,他和张镐应该很早就认识了,交情未必很深,因为他之前的诗作并未提到过张镐。张镐布衣出身,身登宰辅之后对文学之士也颇多关照,所以李白才会想到给张镐写信。张镐真可谓至德年间诗人的大救星,数月前在凤翔救了杜甫一命,继而为冤死的王昌龄报了仇,接着又收到李白的求救信。

也许是收复河南的战事太紧急,也许是李白的案子太棘手,张镐接到李白的赠诗之后,没能给李白提供多少帮助。十一月的时候,李白没有等来张镐的消息,却等来朝廷的诏令:因参与永王谋反,李白被判长流夜郎。

十二月十五日,肃宗下制改蜀郡为南京,并宣布大赦,赐酺五日。赐酺,就是在国家有喜庆的时候,皇帝为表示德布天下、与民同乐,特许百姓举行大型的饮酒聚会活动。赐酺期间,政府会象征性地发放食物补给。

此时李白已是犯人身份,赐酺的范围并不包括他。连续五天举国同欢,宴饮聚会,爱喝酒的李白却不能参与,他的郁闷心情可想而知。他写了一首《流夜郎闻酺不预》,哀叹自己即将要被放逐到荒蛮的夜郎:

北阙圣人歌太康，南冠君子窜遐荒。

汉酺闻奏钧天乐，愿得风吹到夜郎。

这是他第一首关于流放夜郎的诗。从这以后，直到他两年后从夜郎返回，几乎他写的所有诗，题目中都带有"流夜郎"三个字。可见流放夜郎这件事对他造成极大的心理伤害。

夜郎在今天贵州正安县西北，从浔阳到夜郎，步行约有两千三百里。水路要绕远，当有三千里。三千里，是唐代最远的流刑了。

乾元元年（758 年）春天，贾至、王维和杜甫等人在大明宫里吟诵禁城春色，李白却踏上了长流夜郎的路途。小舅子宗璟从很远的地方跑来浔阳，特意为李白送行，李白看着这个多年的好友兼妻弟，内心很是惭愧。他对宗璟说："我非东床人，令姊忝齐眉。"意思是说我不是一个好女婿，配不上你的姐姐。

从浔阳溯江而上，大约二十天可到江夏。李白到江夏时，已经入夏，他意外地收到张镐托人送来的两件衣服。此时张镐被贬为荆州大都督府长史，亦处在落寞不得志的境地。端午之日，张镐又写诗远赠李白，李白收到并写诗回赠的时候，大约已经到了夜郎。

现在很多人认为李白虽然被流放，但他并没有真正抵达夜郎，而是走到巫山就被赦免放回了。这个说法最早出自宋代的曾巩,后来的很多学者,包括郭沫若,都持同样看法。该观点主要依据李白的一首诗,名叫《流夜郎,半道承恩放还,兼欣克复之美,书怀示息秀才》,诗名中的"半道"引起很多人的误会,以为只走了一半的路程;又根据李白另一首诗中的"今年敕放巫山阳"一句,判断他刚走到巫山即被放还。

然而,"半道"既可以空间解,也可以时间解,针对"长流"而言。长流,意思是无限期地流放,"半道"则指服刑到一半的时候。另外,新旧唐书《李白传》中均没有走至半途被赦免的说法。至于"今年敕放巫山阳"这一句,"巫山阳"只是个象征意义上的指代,并不可具体解释为在巫山地区被赦放。

从唐朝的法律看,李白也不应该没有走到夜郎。

按唐律,流放犯人每日的行程都有规定,骑马日行七十里,步行每日五十里,水路每日也得三四十里。浔阳到夜郎三千里,一百天内必定能到。李白乾元元年春天出发,到乾元二年三月遇赦,一年多的时间里,足够走两个来回了。

除了路程有规定,流放途中还有差役押解,并不能想走就走,想停就停。不过也不能拿《水浒传》里林冲在野猪林的遭遇想象李白,李白的流放之途远比林冲惬意得多。

唐律规定流放犯人路上要戴枷,但是李白似乎没有戴,而且沿途歌吟不绝,酬赠、送别之作多达三十首,看来差役对他的看管并不怎么严格。例如他在《流夜郎至江夏,陪长史叔及薛明府宴兴德寺南阁》中写道:"天乐流香阁,莲舟扬晚风。恭陪竹林宴,留醉与陶公。"又是喝酒,又是听曲,心情颇为畅快,丝毫没有受到拘禁的意思。

这也很好理解。以李白的知名度,上至宰相,下至普通百姓,都对他礼遇有加,沿途少不了很多馈赠,差役自然也乐得做个顺水人情。

过长江三峡再往西,人烟渐少,给李白接风洗尘的朋友也就很少了。李白的心也慢慢回落到流放犯的状态。他看见田野里的葵叶,忍不住哀伤起来,写了一首《流夜郎题葵叶》:

惭君能卫足,叹我远移根。白日如分照,还归守故园。

葵,又称滑滑菜、冬苋菜,是古人经常食用的蔬菜。吃的时候只摘叶子,摘完还会长新叶,所以古人夸赞它有智慧,能保护自己的根。李白感叹自己被迫流离失所,还不如一株葵菜。他盼望有一天朝廷的恩典能像阳光一样照到夜郎,赦免自己,回到故园。

旷如鸟出笼

乾元元年(758年)十月,肃宗册广平王李俶为皇太子,并大赦天下。不过李白并不在此次赦免之列。李白很失望,特意写了一首《放后遇恩不沾》，表达自己的不满，其中说道："东风日本至，白雉越裳来。独弃长沙国，三年未许回。"意思是，像东海的日本国和南海的越裳国那么遥远的地方，都能得到皇帝的恩泽，而我却像贾谊一样，被孤独地遗弃在南方，三年不能回家。其实他从被判流放到被赦免，前后不过一年多，只因跨了三个年份，所以他说是三年。

乾元二年（759年）春天，还不到三月，南方过冬的大雁就开始北飞了。李白看见高飞的大雁，又想起了遥远的家，作了一首《南流夜郎寄内》：

夜郎天外怨离居，明月楼中音信疏。
北雁春归看欲尽，南来不得豫章书。

这首诗是写给夫人宗氏的。李白被流放之后，宗氏并没有返回庐山的草堂，而是定居在豫章（今江西南昌）。

李白在诗中抱怨，与妻子分离太久，连书信都收不到。幸运的是，他的抱怨并没有持续多久。这一年春天，关中发生大旱，连续几个月没下雨，肃宗（于三月）下诏大赦天下。这一次，李白终于被划入赦免范围。

对于朝廷来说，乾元二年三月是一个糟糕的月份，不仅因为大旱，还因为三月六日官军在邺城溃于史思明，剿灭安庆绪的计划完全失败，平叛进程遭遇重大反复。但对李白来说，邺城离他很遥远，朝廷的赦免令才是他更关注的事情。

得到赦令，李白自然欣喜不已，马上收拾行装顺江而下。路过巫峡时，看见两岸青山如画，他抑制不住内心的喜悦，写下著名的诗篇《早发白帝城》：

朝辞白帝彩云间，千里江陵一日还。
两岸猿声啼不住，轻舟已过万重山。

在他的诗集中，再没有比这首诗更畅快淋漓的了。

遇赦虽然开心，但李白对被流放这件事仍然耿耿于怀，屡次在写给朋友们的诗中为自己辩白。再次路过江夏时，他遇见自己的老朋友江夏太守韦良宰，他给韦良宰写了一首长诗，诗中总结了自己的大半生，当然也没忘记为自己辩解。他说自己入永王幕实在是不得已，完全是被胁迫的，永王虽然赏赐他不少钱，但他自己向来视金钱如浮云：

半夜水军来，浔阳满旌旃。
空名适自误，迫胁上楼船。
徒赐五百金，弃之若浮烟。

李白在江夏一直待到秋天，才继续出发。他没有回庐山隐居，也没有去豫章探望宗氏，而是应朋友邀请，向西来到岳州，泛舟洞庭。

差不多与此同时，远在北方的杜甫接连几天都梦见了李白,但杜甫与李白已经十年未见,并不知道李白身在何处。他只听说李白犯了重罪,被判流放夜郎。由于久无音信,杜甫甚至怀疑李白会不会像屈原一样,已经在流放途中落水死掉了。

杜甫和李白交往的时间并不久,却一生对李白关心备至。想想李白有如此超凡之才华,却遭遇如此之不幸,杜甫心情复杂。他沉痛地写下这首《天末怀李白》,为李白鸣不平:

凉风起天末,君子意如何?鸿雁几时到,江湖秋水多。
文章憎命达,魑魅喜人过。应共冤魂语,投诗赠汨罗。

不过这一切李白并不知情,他挥一挥衣袖,于金秋月圆之夜来到了洞庭。

第十七章　杜甫：客行新安道

莫守邺城下

乾元元年（758年）夏天，高适返回东都洛阳不久，杜甫给他寄来一首诗，像是安慰，又像是在调侃：

安稳高詹事，兵戈久索居。时来知宦达，岁晚莫情疏。
天上多鸿雁，池中足鲤鱼。相看过半百，不寄一行书？

诗的大意是，高詹事你近来安好？在这兵荒马乱的日子里，你已经离群独居很久了。你现在走运了，官做得越来越显赫，不过别忘了咱们的老交情啊。天上那么多鸿雁，水中那么多鲤鱼，眼看你我都要年过半百了（实则杜甫本年四十七岁，高适五十五岁），时日无多，你是不是该多给我写信呢？诗里提到的鸿雁和鲤鱼，是古人用来指代书信的常用语。

高适当时在洛阳詹事府的情景实在令人悲叹，据他自己讲："留司洛阳宫，詹府唯蒿莱。"洛阳经过两次战争，破坏严重，连詹事府里也到处是杂草。太子少詹事是个闲职，每日除了会会朋友，大概只能看着野草发呆了。如果换作王维，大概还能写几首不错的田园诗，但高适并不是安于寂寞的人。

杜甫写此诗时，已经身在华州。六月，他被贬为华州司功参军，这是一个职责非常烦琐的岗位，掌管官员绩效考核、祭祀、典礼、教育、选举、公文往来、医疗、丧葬等各类事情，要协调各个部门的工作。杜甫有一首《早秋苦热堆案相仍》，从题目里就能读出他的烦躁情绪：

七月六日苦炎热，对食暂餐还不能。
每愁夜中自足蝎，况乃秋后转多蝇。
束带发狂欲大叫，簿书何急来相仍。
南望青松架短壑，安得赤脚蹋层冰。

他在诗中抱怨天气炎热，无心饮食；华州官舍简陋，苍蝇乱飞，夜晚还有很多蝎子爬来爬去。加上工作繁多，实在难以忍受，以至于他忍不住想大喊大叫。但是没办法，文案堆积如山，他还得一点一点处理。他仰望城南华山上的青松短壑，想象山中的清凉，多希望能抛下工作，躲入山里凉快凉快。

在如此令人郁闷的环境中，杜甫其实比高适更需要安慰。九月秋高气爽，他到蓝田县崔季重的庄园里和朋友小聚了一次，暂时逃离了烦琐的工作。崔季重的庄园紧挨着王维的辋川别业，这两人也是早就认识的好朋友，但可惜的是，王维此次没有来参加聚会。自从被赦罪以来，王维心不自安，基本没再回过辋川别业居住。杜甫看到辋川别业柴门紧闭，松竹寂寞，忍不住叹道："何为西庄王给事，柴门空闭锁松筠？"这句诗看上去是疑问，实则是深深的同情。

冬天的时候，杜甫因故回了一趟洛阳老家。这次洛阳之行有没有见过高适不得而知，但杜甫此行将所见所闻以如椽之笔记录下来，使他一跃而至"诗圣"的崇高位置。

去年十月安庆绪逃到邺城之后，朋党离散，但仍据有汲郡、邺郡、赵郡、魏郡、平原郡、清河郡、博平郡七郡六十多座城，兵器粮草充足。洛阳收复后，唐军也需要休整，双方有近一年的时间没有发生大规模的战争。

乾元元年九月，肃宗令朔方节度使郭子仪、淮西节度使鲁炅、兴平节度使李奂、滑濮节度使许叔冀、镇西及北庭节度使李嗣业、郑蔡节度使季广琛与河南节度使崔光远，以及平卢兵马使董秦，率领步、骑兵二十万讨伐安庆绪，又令河东节度使李光弼与关内及泽潞节度使王思礼率兵助战。

但肃宗犯了一个重大错误。几十万大军进围邺城，他居然不设元帅，只是任命宦官鱼朝恩为观军容宣慰处置使。表面上看，是因为郭子仪和李光弼二人都是元勋功臣，肃宗认为谁领导对方都不合适，实际上是肃宗的猜疑心在作怪。他担心某一位将帅权力过重，会威胁到自身安全。

十月，郭子仪攻克卫州，进逼邺城之下，其他节度使也纷纷带兵会集邺城。安庆绪情急，就派人向范阳的史思明求救，说愿意把皇位让给史思明。史思明发兵十三万欲救邺城，但不敢贸然进军，先派部将李归仁率领步、骑兵一万驻扎于漳水北岸的滏阳（今河北邯郸磁县），与漳水南岸的安庆绪遥相呼应。

杜甫到洛阳的时候，碰巧遇见李嗣业的安西兵正往邺城进发。杜甫很高兴，再次热情洋溢地赞扬了这支劲旅，并嘱咐道："莫守邺城下，斩鲸辽海波。"辽海即指叛军的老巢范阳。

杜甫是很有见识的，知道围困邺城不是根本之计，不如分兵袭取范阳，使叛军两方不能相互支应。这是高明之见，可惜他只能空发议论，没人听他的建议。

杜甫对战争形势非常乐观，这在他的诗《洗兵马》中表现得非常明显。他说："胡危命在破竹中，祇残邺城不日得。"认为胡人的命已经危如破竹，残破的邺城不出几日即可为唐军所得。

然而，现实又一次让他失望了。

师老将亦乖

乾元二年（759年）正月初一，史思明在魏州城北称王，自称"大圣燕王"。魏州城在邺城东边，距邺城仅一百多里。

李光弼说:"史思明攻占魏州后按兵不动,是想等我们松懈不备的时候,用精兵突袭我们。请让我与朔方军联兵,进逼魏州城,向史思明挑战。史思明三年前曾在嘉山大败于我军,必定不敢轻易出战,这样我们就能够收复邺城。而安庆绪一旦败死,史思明就会失去号召力,难以指挥叛军。"

这个建议是不错的。安庆绪已成困兽之势,不足为虑,但史思明却是个劲敌,不能不严加防范。用朔方军和河东军盯死史思明,可以让官军无后顾之忧。但是观军容使鱼朝恩却认为此计不可行,李光弼只好作罢。

正月二十八日,镇西节度使李嗣业去世,他在攻城中不幸中箭,伤重难治。官军又损失一员猛将。

到了二月,邺城已经被围困近半年之久。官军在城外筑了两道墙,挖了三重壕,并堵塞漳河灌城。邺城中井泉满溢,人们只好搭起木台居住。城中粮食也吃尽,一只老鼠值四千文,士卒挖出墙中的麦秸喂战马。很多人想要投降,却因为水深不得出城。

城里城外的人都认为邺城危在旦夕,必能攻克。但官军在城外同样天天消耗,疲困不堪,斗志渐落。而且因为缺少统一指挥,各路军队之间缺乏协调,战斗力大打折扣。

史思明觉得时机已到,就率兵从魏州向邺城进发,命令诸将在距离邺城五十里处扎营,每营击鼓三百面,远远地威胁官军。又从各营挑选精锐骑兵五百,每天到城下抢掠,官军如果出来交战,他们就散归自己的军营。官军各路的人马牛车每天都有丧失，甚至连采集木柴都很艰难。官军白天防备，叛军骑兵就在夜里骚扰，官军夜里防备，叛军就白天骚扰。

当时天下饥荒，军中所用粮饷都用车船从江淮或山西运来。史思明派壮士穿上官军的服装，拿着官军的号令，去斥责运粮者缓慢，并随便杀戮，使转运的人心中恐惧。他们又在运粮船车聚集的地方暗中纵火，神出鬼没，聚散无常。他们自己能够互相辨认，巡逻的官军却抓不到他们。官军各路军队都缺乏粮食，人心涣散，这时史思明率领大军直抵城下，与官军约定决战的日期。

三月初六，官军步、骑兵六十万在安阳河北岸摆开阵势，史思明亲率精兵五万来交战。官军望见，以为是流动部队，没有在意。史思明身先士卒，率军冲锋，李光弼、王思礼、许叔冀与鲁炅领兵迎战，伤亡各半，鲁炅被乱箭射中。郭子仪率兵紧随其后，未及布阵，突然大风急起，吹沙折木，天地一片昏暗。咫尺之间，人马不辨，两军都惊慌失措，各自溃散。官军向南溃退，叛军向北溃退，遍地是所丢弃的武器盔甲等军用物资。

郭子仪退到河阳，命令朔方军切断河阳桥，以确保东京的安全。朔方军一万匹战马仅剩下三千，十万盔甲兵器差不多全部丧失。

河阳即今天河南省焦作市的孟州，在黄河北岸，与洛阳仅一河之隔。东京城中的官吏民众听说官军在邺城溃散，十分惊恐，纷纷逃入山中。东都留守崔圆与河南尹苏震等官吏也惊慌失措，向南逃奔襄阳、邓州。洛阳一夜之间成了一座空城。各路节度使也率领自己的兵马逃回本镇，这些败兵沿路大肆抢掠、胡作非为，当地官吏和军中将帅无法制止，一直乱了十多天才安定下来。只有李光弼与王思礼整理队伍，全军返回。

高适也随着惊恐的人群一起逃出洛阳，沿途但见溃兵散勇相互推搡，如惊弓之鸟。高适经叶县、南阳等地向南而行，这些地方三年前他曾来过。当时潼关尚未失守，他以监察御史的身份协助防守南阳，所以对这些地方是比较熟悉的。但是这次逃亡中所见，却是另一番景象。只见城池萧条、屋舍崩塌，里巷之间荆棘丛生、瓦砾成堆，行人个个面无血色，路边青苔中白骨森森。

客行新安道

高适逃跑的时候，杜甫也正在洛阳附近赶路。他去年冬天从华州到洛阳，盘桓了几个月，今年春天方离开洛阳，西返华州。返回途中正赶上唐军在邺城溃败，河南各地兵荒马乱。一路上，他亲见战争给人民带来各种苦难，内心震动极大，愤而挥笔，连续写下《新安吏》《石壕吏》《潼关吏》《新婚别》《垂老别》《无家别》六首长诗，生动地记录了百姓生活之艰难，为后世留下珍贵史学素材和文学瑰宝。

从洛阳向西，第一站是新安县。杜甫傍晚到达新安，这里的吏卒正在抓丁，很多未成年男子都被解送前线，以补充兵力。杜甫于心不忍，但又知道这仗不能不打，只能安慰被抓的少年说："本以为邺城之围一定能取胜，谁知道贼兵如此狡猾，我们居然失败了。你也不要太担心，你只是去河阳训练，暂时还不会直接上战场。不管是挖战壕，还是饲养战马，活儿都不会太重。而且战争形势整体是顺利的，官军对待士兵也都很有规矩。特别是主帅郭子仪，对待士卒就像父亲和兄长一样仁厚。你不要太伤心啦。"

此诗大段都是安慰人的话，不知杜甫自己相不相信。但是他能怎么办呢？也只能说些聊以慰人的话了。

走到陕县东边的石壕村，杜甫看到的景象更惨。有户人家有三个儿子，都被送去邺城参加战斗，其中两个已经战死，另一个还没回来。家里只剩下老两口、一个儿媳和一个吃奶的孩子。儿媳虽然年轻，但是要喂奶，而且连个出门的衣裳都没有。可是吏卒管不了这些，他们的任务就是抓人上前线。老头听到动静翻墙跑了，吏卒只好把年老力衰的老太太带走了。

杜甫是世家子，祖父做过宰相，按当时的法律，他是不用服徭役和兵役的。他本人后来也曾感慨，相比这些底层人民，他算是幸运的。然而他的幸运也非常有限，仅能保障自已免受征戍之苦。

路过潼关时,守城的士卒们正在辛苦筑城备战。守关的官吏请杜甫下马,给他指了指潼关的险峻形势。杜甫觉得关城修建得十分坚固。三年前,哥舒翰在潼关战败,数十万唐军同日惨死,大部分是被挤入黄河淹死。杜甫思及往事,十分悲慨,在《潼关吏》中写道:"哀哉桃林战,百万化为鱼。"如今潼关坚固难攻,但他还是不放心,临走跟官吏说:"你有机会一定要嘱咐守关的将军,谨慎行事,千万别再像哥舒翰当年那样犯错了。"

《新婚别》写一个男子头天晚上结婚,第二天早上就要去河阳服役,新娘怨愤道:"嫁给你这样一个当兵的人,还不如把我抛弃在路旁算了。"但是终归已经是夫妻了,埋怨归埋怨,她还是很心疼丈夫的,于是又安慰丈夫:"我发誓要跟着你去,只是在这种形势下有诸多不便。你不要以新婚为念,努力在军中服役吧。妇女在军中恐怕影响队伍士气,我是不能随你前往的。"

《垂老别》写一个老翁的子孙全部阵亡,他愤而参军,与地方长官和老妻告别。老翁安慰老妻说:"虽然我知道此去一定不会再回返,但是人生自有离合,谁能自由选择呢?国家正值危难,哪里还有乐土供我们流连盘桓呢?"

《无家别》写的是一个人刚从战场回来,看到家已不存,而自己又要被征召入伍的悲惨故事。此人不知道从哪里打了败仗回来,家乡十室九空,邻居大都不在,只剩一两个老年寡妇。县令听说他回来，召令他继续服役。他家中虽然有一个生病的老母，但是自己无力抚养，只能将母亲委弃于路旁沟渠之间。

杜甫回到华州之后，把这几篇诗稿整理了一下，心中的痛楚久久不能消退。

不幸的是，这一年的夏天，关中地区又开始闹起饥荒。

西征问烽火

乾元二年对杜甫来说，是非常重要的一年。不仅因为这一年他写下"三吏""三别"这些永载文学史册的辉煌之作，还因为这一年的秋天他毅然弃官西去，放弃了自己坚持大半生的政治理想，从此飘荡江湖，孤独而终。

这一年立秋时节，一行行南飞的大雁越过华州的上空。四十八岁的杜甫站在树下，仰头看着天空，耳边是秋蝉一声声不停地嘶鸣。他终于下定决心，离开华州，离开关中，离开大唐王朝污浊混乱的政治中心。

乾元二年的上半年，关中久旱不雨，闹起饥荒。按说杜甫大小也是个官员，不至于连饭都吃不上，但是近两年的仕宦经历让他对政治彻底失望了。

杜甫弃官不久，忍不住写道："唐尧真自圣，野老复何知？"意思是说皇帝实在圣明，我一个乡野老人知道什么呢？反讽的意味非常明显，显然是在表达对肃宗的不满，这和他一贯的温厚态度明显不同。前年肃宗赶他回鄜州探亲，他委婉地说，这是皇帝给他私人的恩典。去年肃宗把他贬到华州，他离开长安时说"移官岂至尊"，能听出来有怨气，但并不很愤怒。

肃宗不喜欢自己，杜甫心里是很清楚的。但他对政治的厌倦，并不单是因为遭到肃宗遗弃，而是对整个朝廷现状深感失望。

数年之后，肃宗已经去世了，杜甫回忆往事，写下《忆昔二首》。其中一首谈论肃宗在位时朝政的糟糕状况：

忆昔先皇巡朔方，千乘万骑入咸阳。
阴山骄子汗血马，长驱东胡胡走藏。
邺城反覆不足怪，关中小儿坏纪纲，张后不乐上为忙。
至今今上犹拨乱，劳身焦思补四方。

前四句叙述肃宗收复两京的功绩，后五句则完全是对肃宗的批评。他认为邺城之围失败还不算肃宗最严重的失策，关中小儿李辅国与皇后张良娣干预政事，才是肃宗朝最糟糕之处。李、张二人败坏纲纪，遗患无穷，以至于代宗即位之后，还要继续焦心劳力，忙着四处救补乱象。

与大多数人不同，杜甫离开关中之后，没有选择去富庶繁华的江南，而是选择向西来到秦州，也就是现在的甘肃省天水市。原因很可能是向东的路都不太安全，无论是经洛阳、汴州入扬州，还是从邓州、襄阳入长江，这些地方都有可能被叛军重新占据。从长安往西的路，则尚未经历战争，相对安全得多。

当然也可能是因为秦州有他的亲戚。他的侄子杜佐居住在秦州城南六十里的东柯村。杜甫到秦州后，也想在东柯谷寻找合适的地方建房子，但是并没有找到。

在东柯谷，杜甫居然意外地遇见一位故人，赞公和尚。赞公之前在长安大云寺做住持，杜甫在长安陷贼时，曾在大云寺留宿过，临走赞公还送了他礼物。长安大云寺不是普通的寺院，而是皇家寺院。赞公之所以来到秦州，是因为和房琯的关系。他曾做过房琯的门客，房琯被贬后，他也被赶出大云寺，辗转来到秦州。

同是天涯沦落人，杜甫见到赞公自然惊喜不已。他很想在赞公所在寺院附近建个草堂，与赞公为伴。但经过再三考虑，他放弃了这个想法，因为他发现秦州也不太平。

安禄山叛乱以来，唐朝不断调发河西、陇右及西域等镇的军队返回中原平叛，边境守备空虚。吐蕃趁机不断袭扰大唐边境，至德元载（756年）攻陷了巂州，次年又攻陷西平郡。

巂州即今天四川南部的西昌，西平郡就是今天的西宁，距离秦州都尚远。但秦州是塞上的重镇，也是东西方交通的重要中转站。杜甫来秦州之前，唐军在中原战场上刚刚经历邺城之败，战争形势再次转为被动，正是急需补充大量兵员的时候。杜甫到秦州后，耳闻目睹的都是胡笳戍鼓、烽火烟燧、匆忙过往的使臣和被征调回防的军队，无一不在提示他国家正处在战争时期。

杜甫非常留意观看烽火，他的秦州诗中，屡次提到烽火。如在《夕烽》中写道：

夕烽来不近，每日报平安。塞上传光小，云边落点残。
照秦通警急，过陇自艰难。闻道蓬莱殿，千门立马看。

唐代的烽候所置，大约每三十里一座，从边镇一直绵延至长安。每日初夜放一炬烟火，称为平安火。烽火很小，杜甫年纪大了，有时看不清，就需要问身边的人。每当看到烽火，他都会想象长安宫殿前"千门立马看"的紧张情景。

秦州是一个胡汉杂居的大城市，有很多归降唐朝的羌族人和汉人混居在一起，居民有数万。杜甫看见当地人对烽火警报习以为常，特别是许多羌族的男女，时常说说笑笑，一边走路一边唱歌。而驻守当地的将军则不遑宁处、夜拥雕戈，偶尔还见到有中原来的使者，匆匆忙忙地前往河源军方向而去。

这种种场景让杜甫感到忧虑，他觉得秦州并不适宜居住。恰好在秦州西南二百多里的成州，有一位好心的县令写信邀请他到成州的治所同谷县（今甘肃成县）定居，于是在秦州待了三个月之后，杜甫再次偕同全家老小转道向南，来到同谷。

到了同谷之后，杜甫却发现情况并没有信中所言那样好，反而不如在秦州有亲友可以资助。杜甫在这里待了一个月，窘迫到极点。首先没有吃的，只能在山谷里挖点黄精，或拾点橡子、栗子充饥。天寒地冻，却没有御寒的衣物，手脚都冻得皲裂坏死了。这种日子如何能挨得下去呢？没办法，杜甫只好再次上路，踏上前往成都的征程。

第十八章　李白与贾至：地窄三湘道

杜甫到秦州的时候天气已经转凉，秋风萧瑟、羁旅沉绵，不幸的是又患上疟疾。这是一种由蚊虫叮咬感染疟原虫导致的疾病，症状是周期性地发冷发热。这已经是杜甫连续第三年患疟疾了。虽然有亲人在身旁照料，但身在边陲异地，杜甫心中尤觉凄凉，他非常思念远方的朋友。他写了几首长诗，分别给薛据、毕曜、岑参、高适、贾至、严武等人寄去。薛据和毕曜都已升迁，在京为官。岑参则由起居舍人出为虢州长史，高适也已经到彭州任刺史。贾至、严武分别被贬为岳州司马和巴州刺史。

而最让杜甫挂念的，还是李白。从华州到秦州的路上，他一共写了四首怀李白的诗。除了前面提到过的《天末怀李白》，还有《梦李白二首》和《寄李十二白二十韵》。写《梦李白二首》时他尚不知道李白已经遇赦，因为接连三天梦见李白，心中便产生疑惑，莫不是李白已经死了，所以魂魄才会来梦中道别？从浔阳到夜郎，一路都要坐船，风波难测，确实很容易落水沉溺。

写《寄李十二白二十韵》的时候，杜甫已经知道李白遇赦，但仍然为他的境况担心，他在诗中劝说李白："莫怪恩波隔，乘槎与问津。"意思是不要埋怨皇帝对你缺少恩情，不如安之若命，像汉代张骞那样，乘坐木船寻访天河仙境。

李白此时确实在乘船，当然没有通天河，而是滞留在潇湘一带，回不去了。

乾元二年（759年）秋天，李白应一位裴侍御的邀请，来到岳州。岳州的治所就是今天的岳阳，西临洞庭湖，南依巴丘山。巴丘山又称巴陵、巴蛇冢。传说后羿在洞庭湖畔杀死一条巴蛇，蛇骨久积成丘，故得名巴丘山。李白在此滞留很久，在裴侍御的陪同下喝酒听琴、登山对雨。游兴未尽之时，岳州又来了一位新"地主"——前中书舍人贾至。贾至时年四十二岁，比李白小了十七岁，但二人于天宝初年在长安曾有过交游，也算是老朋友。一转眼十几年过去，江山依旧如画，老朋友却同为失路之人，感情自然也就更加亲近。两人一同登巴陵、游洞庭，相互赠答，留下十多首诗歌。

贾至去年三月被贬为汝州刺史，杜甫写诗与他送别，安慰他汝州距离他老家洛阳很近，不必太难过。不料今年竟再次被贬，从州刺史降为岳州司马，离家的距离也一下多出一千多里。可以想见，贾至的心情有多糟糕。但是，在他写给李白的诗中，却丝毫看不出忧愁的情绪，反而显得情意浓浓，兴致很高。

如《初至巴陵与李十二白、裴九同泛洞庭湖三首》其三：

江畔枫叶初带霜,渚边菊花亦已黄。
轻舟落日兴不尽,三湘五湖意何长。

李白写给贾至的诗充满了怜惜,怜惜之余还带着一丝调侃:

贾生西望忆京华,湘浦南迁莫怨嗟。
圣主恩深汉文帝,怜君不遣到长沙。

意思是说虽然你像汉代的贾谊一样,被贬到湖南,但是你也不要抱怨啦,比起汉文帝,当今皇帝对你还是开恩了的,并没有把你贬到长沙去。

长沙在巴陵往南又五百里。比起长沙,巴陵是近些,但这点距离对贾至来说,算不得什么安慰。

贾至生于开元六年(718年),比李、杜、高、岑都要小,但他做官却很早。二十多岁就做校书郎,后又任单父尉,天宝末年迁为中书舍人。中书舍人是正五品上的高级官职,主要负责撰写皇帝的诏诰。古代皇帝的诏诰用语都十分典雅,这就要求作者受过相当精深的经典教育,不仅要熟悉公式化的语言,还要有一定的文采,并非任何读过书的人都可以担当。除了撰写诏诰,中书舍人还经常要预审官员们上呈的奏表,提供审阅意见给皇帝参考,等于是皇帝的机要秘书,有时会比宰相更接近皇帝。

中书舍人的位子如此贵要,贾至初任此职时却不足三十岁。这不仅得益于他本人的才学，也跟他的家学背景很有关系。贾至的父亲贾曾，在景云年间担任吏部员外郎，玄宗为太子时，迁为中书舍人。开元初，与苏晋同掌朝廷制诰，以文辞著称于当时文坛。

天宝十五载（756年）六月潼关失陷后，贾至跟随玄宗入蜀，玄宗拜贾至为起居郎、知制诰。朝廷的重要典册多出自贾至之手，其中就有玄宗传位于肃宗的册文。据说贾至写好这篇《明皇令肃宗即位诏》之后，拿给玄宗看，玄宗感叹道："当年先帝传位给我，册文是你父亲所写，今天我将皇位传给太子，你又充当制诰的人。累朝盛典，都出自你们父子之手，真是难得啊！"贾至也感动地跪伏在玄宗面前，呜咽流涕。

八月，玄宗又让贾至随韦见素、房琯、崔涣一起，护送玉册（就是皇帝祭祀诰天的册书，是皇帝受命于天的象征）到灵武，册命肃宗。之后贾至就一直留在肃宗跟前效命了。肃宗此时尚没有属于自己的班底，对房琯很是信任，军国大事多由房琯决定。房琯与贾至二人在入蜀的途中结下友谊，玄宗任命房琯为宰相的诏书就是贾至起草的。后来房琯又聘请贾至担任僚佐。贾至的命运从此就和房琯绑在了一起。

乾元元年（758年），肃宗贬斥房琯等玄宗旧臣，贾至首当其冲，被贬为汝州刺史。第二年三月邺城之围失败，官军溃散，东都留守崔圆、河南尹苏震等率先逃走，贾至的好友太子少詹事高适也跟着南奔。汝州在洛阳南不足一百里处，是洛阳到邓州和襄州的必经之路。看到仓皇奔逃的官民,贾至也慌了神,他放弃职守,随着众人一同南逃到邓州、襄阳一带。肃宗于是又治他一个放弃职守的罪,把他贬到岳州做司马。

司马,是州刺史的僚佐,唐朝前期还有很大权力,有时在州郡长官缺员的情况下,司马甚至可以总揽一州之权。自肃宗即位以来,司马多用来安置被贬黜的官员,逐渐成为一个闲散的职位。

贾至因放弃职守被贬岳州司马,按说是无可非议的。但同时逃跑的崔圆、苏震等人很快被重新启用,而贾至则直至肃宗死后,才重新被召回长安。可见,肃宗至死都对房琯等人十分厌恶。

贾至的诗歌和文章在当时颇负盛名,后代学者对他的评价也很高,甚至认为他是仅次于李白、杜甫的盛唐名家之一。宋代黄庭坚非常喜欢贾至的诗,曾把他的《春思二首》书写在扇子上,甚至直接改几个字,变成自己的诗。但贾至流传下来的诗作很少,《全唐诗》仅收录四十六首,其中有三十多首均创作于谪居巴陵期间。这些诗大多为送别、寄赠之作,词句清丽,意境幽远。例如《初至巴陵与李十二白、裴九同泛洞庭湖三首》其二:

枫岸纷纷落叶多,洞庭秋水晚来波。
乘兴轻舟无近远,白云明月吊湘娥。

词句清朗俊逸，又蕴含深情，隐隐流露出怅惘之情。

李白后来取道湘江，南游零陵，贾至又作诗赠别，很是依依难舍：

今日相逢落叶前，洞庭秋水远连天。
共说金华旧游处，回看北斗欲潸然。

零陵属于永州，在湘江上游一千多里的地方，乘船溯江而上，少说也得走一个月。零陵之行原本不在李白的计划之内，他原计划游完洞庭湖就返回江夏，但是此时荆州地区有叛乱，他返回的道路被阻了。

荆州叛乱的领导人是康楚元，他原是驻守在襄州的一名偏将，大约是想趁唐廷败军之际捞点什么好处，居然伙同另一名将领张嘉延据城作乱，并自称南楚霸王。康楚元开始作乱是在八月中旬，八月二十五日朝廷派曹日升去安抚康楚元，康楚元置之不理，还派张嘉延南下攻占荆州。荆南节度使杜鸿渐弃城逃走，与荆州相邻的澧、朗、郢、峡、归等州官吏闻风丧胆，也纷纷逃入山谷中。荆州是岳州往江夏的必经之路，荆州大乱，李白自然没法返回江夏了。

九月九日重阳节，李白又登上了巴丘山，站在山巅向西望，很意外地看见洞庭湖上满是操练的水军。楼船雄壮，旌旗缤纷，战鼓相闻，军歌激亢，李白觉得十分震撼。

荆州的叛乱一时平定不了，李白不想一直待在巴陵。正巧他的好友卢象因为"陷贼"被贬为永州司户,再加上李白本人一生好游名山,于是买舟入湘,一路来到永州。

永州宁远县有九嶷山,相传舜帝南巡时死去,葬于此处。李白于深秋时节登上九嶷山,极目苍茫,看不清归去的方向,不禁悲从中来,叹道:

登九嶷兮望清川,见三湘之潺湲。
水流寒以归海,云横秋而蔽天。
余以鸟道计于故乡兮,不知去荆吴之几千。

十一月,商州刺史兼荆、襄等道租庸使韦伦发兵讨叛,活捉了康楚元,荆、襄之地总算安定了。李白于次年春天再次经洞庭湖返回江夏,他在江夏停留了几个月后,于秋冬之际到达豫章,见到阔别三年的妻子宗氏。

第十九章　岑参：东郊未解围

州县非宿心

乾元二年（759年）夏天，当杜甫尚未离开华州，正在炎炎烈日里琢磨着想要弃官，这时候岑参离开了京城，来到与华州相邻的虢州。与杜甫焦躁的心境不同，岑参在虢州感受到的是满心忧郁与凄凉。

虢州又称弘农郡，州治在今天河南灵宝县。虢州地处东西两京的中间地段，位置十分重要，在诸州之中，属于上州之上。岑参的职务是虢州长史，是仅次于州刺史的高级官员，官阶为从五品上。他来虢州之前，担任的职务是从六品上的起居舍人。从品阶上看，他是升职了，但是岑参对就任虢州长史一职感到心灰意冷。

首先，唐代有重京官轻外任的传统。一般人都以入朝为荣，外放则为耻。岑参也未能免俗。其次，虢州长史的任命十分突然，而且，州长史的地位和起居舍人也不可比拟。

本年三月份，岑参被改为起居舍人，四月份又被署为虢州长史。起居舍人主要负责记录皇帝日常行为与国家大事，平日扈从皇帝前后。皇帝上朝时，起居舍人与起居郎分别站立朝堂左右，记录皇帝言行，每季季终整理成卷，送到史馆。由于这个职务要求秉笔直书，对皇帝的言行不隐恶、不虚美，所以担任此职的人不仅要有文学才能和史学眼光，还要求品行正直。岑参对这个职务是很骄傲的，他说众人都认为他的史笔很正直。这应该不是自夸，之前杜甫推荐他做右补阙时，就曾称赞他"议论雅正"，适合做谏官。岑参死后，他的儿子岑佐公收集遗文，请杜确编成诗集，杜确在序言里也评论说：岑参为右补阙时，频上奏章，指责朝中权臣和奸佞之人。岑参被外放虢州，很可能是得罪了朝中的某些权贵。

突遭贬黜，让岑参想起了东汉时的经学家桓谭。桓谭也是因为直言诤谏，被贬为六安县丞，然后在落寞失意中病死道中。岑参的境况其实比桓谭好很多，但他落寞失意的心情，和桓谭是一样的。他到达虢州后给长安的朋友们寄了一首诗，写得很丧气："黜官自西掖，待罪临下阳。空积犬马恋，岂思鹓鹭行。"他不认为到虢州是正常的工作调动，而认为是对自己的一种惩罚。他对此感到委屈，说自己一直像犬马依赖主人那样眷恋着皇帝，但没想到忽然像失去了队伍的鹓鹭，孤苦伶仃。

刚到虢州时他显得很不适应，多次在诗中抒写自己的苦闷。在《郡斋闲坐》中，他对自己每日的烦闷描写得非常具体：

负郭无良田，屈身徇微禄。平生好疏旷，何事就羁束。

幸曾趋丹墀,数得侍黄屋。故人尽荣宠,谁念此幽独。
州县非宿心,云山欣满目。顷来废章句,终日披案牍。
佐郡竟何成,自悲徒碌碌。

这首诗大意是说:我半生为官,却没积攒下什么田产,如今为了一点微薄的俸禄,不得不屈身折腰。我平时是多么疏懒旷放的人,为什么却被俗世羁束了呢?我也曾忝列朝堂,跟随在皇帝左右,我的老朋友都已获得荣华与恩宠,而我却在此忍受孤独。在州县任职,不是我的夙愿,还好这里的风景还算养眼。最近我终日忙于处理公文,连读书写诗的时间也没有了。唉,在这里做一个小小的州郡佐吏,能有什么出息呢?不过是碌碌无为地浪费生命罢了。

可以说,佐守虢州期间是岑参一生最低落的时候。他的诗歌此前从未如此直白地表达自己的苦闷。他在虢州期间的诗作,无论艺术手法上,还是思想境界上,与之前在西域时期的作品都是没法比的。他甚至对眼前的景色也失去敏锐的观察力,很少再有描绘风景的佳句。

虢州诗的数量也少了很多,留到现在的仅有四十九首。除了刚到虢州时写过几首自述心事的诗之外,余下大部分都是迎送友人的应酬之作。大概也只有朋友的偶尔到访,才能缓解他内心的苦闷吧。

令人奇怪的是,他没有一首诗是写给他的上司虢州刺史的。有几首诗提到自己陪同刺史与人宴会,但是从来没提到过刺史的姓名。想来他和这位刺史的关系并不太好。这也就容易理解为什么他在虢州的诗作大部分都情绪低落了。

在迎来送往的过程中，大部分人在他诗中仅匆匆露上一面就消失不见了。独有一个人的路过让岑参激动不已。这个人就是严武，在岑参的虢州诗里出现了多次。

严武是严挺之的儿子，生于开元十四年（726 年），比岑参小十一岁。二十岁时以门荫策名，做了太原府参军，被陇右节度使哥舒翰奏充判官，又转为侍御史。天宝十五载（756 年）六月，玄宗逃出京城，严武开始并不知道，后来得到消息，洒泪追从，在剑阁（在普安郡）得到玄宗接见。肃宗登基后大收人才，严武奉命前往灵武辅佐肃宗。

很多人都知道严武和杜甫的交情很好，却不知严武与岑参的关系也很深厚。岑参与严武很可能在天宝四载（745 年）就认识了。当时岑参任右内率府兵曹参军，严武也在京城求策名，二人可能于此时相识。但由于时间短，交往并不多。

岑参后来去了安西，天宝十载（751 年）秋返回长安，十三载（754 年）又赴北庭。在北庭时，他曾写诗与朋友独孤渐道别，并请独孤渐返京后把诗呈给时任侍御史的严武。诗的最后几句说："台中严公于我厚，别后新诗满人口。自怜弃置天西头，因君为问相思否？"可见当时二人的友情已经很深了。

严武到灵武后，被宰相房琯赏识，擢升为给事中。至德二载（757 年），严武扈从肃宗在凤翔，岑参也于当年夏天来到凤翔，曾在凤翔北郊严武的别业中住过。岑参还留诗记述其事："疏钟入卧内，片月到床头。遥夜惜已半，清言殊未休。"二人联床夜话，聊到半夜还不肯休息，可见有多么情投意合。

长安收复后，严武被擢升为京兆少尹、御史中丞，年仅三十二岁。因为亦属房琯一党，后被贬为巴州刺史。肃宗在诏书中明确谴责房琯、严武等人"潜为交结，轻肆言谈"，有朋党不公的名声，违背了臣子侍奉君主的规矩。

严武在巴州待了两年多，史书于此记载不详。严武出现在虢州，是以河南尹的身份，他从长安到河南府（治所在东都洛阳），必经虢州。

上元二年（761年）的春天，岑参接连在三首诗中提到了严武。第一首《虢州南池候严中丞不至》大意是说，我在城南的水池上等了你整日，但见柳叶渐长，梨花已开，你却没有回来。我不得与你在舟中饮酒畅谈，心中相思之情无法用言语述说。第二首《稠桑驿喜逢严河南中丞便别》，写在驿站喜逢严武，但很快就告别了。第三首《使君席夜送严河南赴长水》，写在虢州刺史席上为严武送行。

严武的到来虽然让岑参激动不已，但严武也只是匆匆路过，并未在虢州停留多久。严武此行的目的地是今天洛宁县西四十五里的长水乡，那里是平叛的最前线。此时洛阳已经再次失陷，河南的府治就临时设置在那里。

胡尘暗东洛

岑参在虢州大概待了半年之久，才慢慢适应虢州的新生活，慢慢地把注意力移到其他方面。乾元二年（759年）的冬天，有一位朋友忽然从东方来到虢州。这个人姓裴，是朔方节度使、兵马副元帅李光弼手下的一名判官。他是从沦陷区潜逃回来的，在虢州短暂停留后，又返回东方，去了河阳前线。岑参为他送行，对他很是敬佩，称赞他是世间罕有的忠义之士。岑参持酒为裴判官送行，窗外大雪满山，酒酣之后裴判官翻身上马，翩然东去，岑参注目良久。

此时，距虢州三百里的洛阳城郊，李光弼率领的唐军与史思明的叛军鏖战正急。

邺城溃败之后，观军容使鱼朝恩忌恨郭子仪，在肃宗面前进谗言。七月，肃宗召郭子仪回京师，改任李光弼为朔方节度使、兵马元帅。李光弼上奏希望能让一位亲王为天下兵马元帅，自己为副元帅，肃宗于是任命赵王李系为天下兵马元帅。李光弼率领河东镇的五百骑兵疾驰前往东都赴任，连夜进入洛阳，接管了朔方军。

李光弼是契丹人，父亲李楷洛在武后时入朝，官至左羽林大将军，封蓟郡公。后来平定吐蕃入侵，死在归途中。李光弼性格沉毅果敢，有谋略，自小不爱嬉闹，善于骑射。曾经在河西节度使王忠嗣帐下任兵马使，王忠嗣对他十分宠爱，曾跟人讲："将来能接替我的人，一定是李光弼！"

李光弼曾配合郭子仪进军河北，夺取常山郡；潼关之战后，又坚守太原，屡次挫败叛军史思明部的来犯。可以说，安史之乱的平定，郭子仪固然功勋卓著，但论临阵破敌，最能出奇制胜者，无人能出李光弼之右。李光弼治军严整，善打硬仗，与叛军中最能打的史思明多次交手，往往都是在处于劣势的情况下挫败史思明军，是最令史思明头疼的对手。

李光弼也知道史思明对自己很忌惮，所以在邺城之围时便提议分兵让自己去盯住史思明，可惜这建议被鱼朝恩否定了。

史思明解了邺城之围后，设计诱杀了安庆绪，考虑到后方还不稳固，就把儿子史朝义留下来镇守邺城，自己率兵返回范阳。到范阳后，他自称大燕皇帝，改元顺天，立儿子史朝义为怀王，改范阳为燕京。

乾元二年九月，史思明命儿子史朝清留守范阳，自己亲率大军南下进攻河南。汴滑节度使许叔冀打不过史思明，很快就领着部将投降，果然如张镐之前所料。

史思明率兵乘胜西攻郑州，李光弼整军缓缓而行，到了洛阳。东京留守韦陟考虑叛军士气正盛，建议留兵于陕郡，退守潼关，占据险要之地，以挫敌锋锐。

李光弼说："两军相当，贵进忌退，现在没来由地放弃五百里地，叛军的势力就会更加嚣张。不如移军于河阳，向北则可与泽潞兵相连，以为后盾。如果有利就进取，不利就退守，里外相应，使叛军不敢向西进攻，这形势就好似猿猴之臂,伸缩自如。"

于是李光弼下文书,命令东京留守韦陟率领东京的官吏以及家属西入潼关,令河南尹李若幽率领官吏民众出城躲避叛军,使东京变成一座空城。李光弼自己则率领士卒,把油、铁等军用物资运入河阳,准备防守。

九月二十七日,史思明率兵进入洛阳,可是城中已空,叛军什么都没有得到。因为害怕李光弼抄后路,史思明不敢住在城里,退兵驻扎在洛阳东北的白马寺一带,又于河阳城南建筑月城,以防备李光弼。

史思明率兵攻打河阳,派骁将刘龙仙到城下挑战。李光弼手下的胡人将领白孝德迎战而出,趁刘龙仙不备,一击斩了刘龙仙的首级,叛军大为惊恐。

史思明有良马一千多匹,每天都放出来在黄河南岸的沙洲上洗浴,以显示马多。李光弼命令把军中的母马都挑选出来,共有五百匹,等史思明的马来到水边时,就把这些母马全部放出去。史思明的战马看见后,纷纷渡过黄河来追赶母马,被李光弼的士卒全部赶入城中。

史思明十分愤怒,就在河中摆列了数百艘战船,在船队前摆上火船,想顺流烧毁浮桥。李光弼预备数百根百尺长的木杆,用大木头撑住,把毡裹的铁叉安置在长杆前端,叉住火船,使火船无法前进,不久就自动烧毁。然后又用铁叉拦住那些战船,从桥上用炮发射大石块攻击,被击中的船只纷纷沉没,叛军大败而退。

史思明又出兵到河阳西边的河清县,想要断绝李光弼的粮道,李光弼率兵进驻野水渡以抵御叛军。史思明一直恨不能与李光弼野战,得知李光弼出了河阳城,就派大将李日越前来劫营,要求他必须把李光弼抓回来,如果抓不到,就不要回来。

李光弼料定史思明会派人劫营,便提前还军河阳,只留兵一千人,由部将雍希颢率领守卫营栅,并说:"如果叛军来了,不要与他们交战。如果他们投降,就与他们一起回来。"雍希颢听得莫名其妙。

到了半夜,李日越果然来了,一问李光弼不在,知道回去也没好果子吃,干脆就投降了。李光弼厚待李日越,让他做自己的心腹将领。叛军的另一名大将高庭晖听说李日越得到重用,于是也投降了。

史思明继续围攻河阳,李光弼命众将拼死一战,并把一把短刀放在自己的靴子中,说:"战斗是危险的事情,我身为国家的三公之一,不能死于叛军之手。万一战斗失败,大家在前面死于敌手,我就在这里自刎而死,决不会只让大家战死而我独存。"郝廷玉、仆固怀恩等将领冒死进攻,呼喊之声惊天动地,叛军顿时大败,被杀一千余人,被俘五百人,掉进水中淹死的有一千余人。史思明看到难以取胜,被迫退兵。

十二月,史思明又派遣部将李归仁率领精锐骑兵五千进攻陕州,被唐军神策军兵马使卫伯玉率领数百名骑兵于礓子阪打败。后来唐将李忠臣与叛将李归仁等战于洛阳西边的永宁、莎栅之间，屡次打败叛军。史思明大军虽然据守洛阳，但是北面受制于李光弼，西面又阻于洛宁，累月不得进展。

河阳近乘胜

永宁与莎栅都在今天洛阳市洛宁县境内，距离虢州仅有二百里。但战火始终没有蔓及虢州。战火纷繁之际，岑参的诗作仍多是迎送友人，对河洛的战争形势并无过多描述。倒是远在成都的杜甫接连写了三首诗，议论中原战事。

这并不等于说岑参对战争形势不关心，他很可能只是对写诗这件事不怎么关心了。岑参和高适有点类似，虽然在诗歌上取得不少成就，但他们对诗歌本身并不如杜甫那么重视。杜甫是把作诗当作毕生的事业来经营的，他曾在写给儿子的诗里说"诗是吾家事"，又说自己"为人性僻耽佳句，语不惊人死不休"。加上他做官时间少，也更有时间和精力去创作。

这一年的冬天，杜甫在成都听说李光弼于河阳大败史思明，心情颇为激动，写了一首《恨别》：

洛城一别四千里，胡骑长驱五六年。
草木变衰行剑外，兵戈阻绝老江边。
思家步月清宵立，忆弟看云白日眠。
闻道河阳近乘胜，司徒急为破幽燕。

安史之乱从天宝十四载（755年）冬天爆发，持续到现在已经将近五年了。五年前杜甫在长安谋得一个小官，本以为从此可以安享俸禄，不断升迁，不料天地忽倾，神州沉沦。如今又是冬季，自己却流落在西南一隅，与家乡亲友相隔数千里，怎不叫他对月思乡，期盼胜利呢？

杜甫对河阳之战的胜利感到高兴，并希望李光弼不要仅在河洛一带与史思明僵持，应该分兵北上，直捣范阳叛军老巢。

安史之乱期间，曾多次有人提出直取范阳，不与叛军在中原过多纠缠。最早是布衣宰相李泌，他在肃宗即位之初就提出这个方针。他说叛军每夺取一城，就把获得的财货子女运送到范阳老家，可见安禄山并没有远大志向。他建议由李光弼率军自太原出井陉，则范阳叛军不敢轻易离开。再由郭子仪自冯翊入河东，则长安一带叛军也不敢轻易离开。这样以两支军队牵制叛军多支主要力量，叛军救头，我军就击尾；救尾，我军就击头，让叛军往来于从范阳到长安数千里的道路之上，疲于奔命。再由建宁王率军由塞北直取范阳，与李光弼南北夹击，夺取叛军老巢。这样其他叛军退则无处可去，留在中原心又不安，如此则两年之内可平定叛乱。

但是肃宗不认可这个建议。他擅自登基，政治地位并不稳定，所以急于收复两京以巩固自己的位子。正是他的这种急切心理，再加上房琯的迂阔，导致至德元载秋天的陈涛斜和青坂大败。

李光弼与郭子仪在天宝十五载（756年）出井陉、克常山之后，本也打算进攻范阳，但是恰逢潼关失守，形势逆转，只好放弃这一计划。

此时李光弼与史思明相持在河阳，朝廷上也有人提出"天下未平，不宜让郭子仪长期处于闲散状态"。于是肃宗下诏让郭子仪统诸道兵七万人由朔方直取范阳，还定河北。然而，因为鱼朝恩的阻挠，此诏书并未实施。

分兵直取范阳，从战略上看，确实是一条不错的计策。后世也有很多人议论过此事。但李光弼此时在河阳率领的朔方军仅有两万多人，实在是无力分兵去取范阳。杜甫可能也猜到了这一点，他思谋半天，写了《散愁》二首。其中第二首提到，应由河东节度使王思礼率军去进攻范阳：

闻道并州镇，尚书训士齐。几时通蓟北，当日报关西。
恋阙丹心破，沾衣皓首啼。老魂招不得，归路恐长迷。

并州就是太原，尚书指的就是王思礼。王思礼和哥舒翰一样，是朝鲜人，他出身于将门之家，年轻时曾随王忠嗣到河西，与哥舒翰同为押衙。王忠嗣获罪后，王思礼继续在哥舒翰手下任职，曾参与攻取石堡城和收复黄河九曲的战斗。王思礼擅长谋略，却不善于用兵。他曾在守潼关时劝说哥舒翰返京杀掉杨国忠，自己却在桃林战役中被崔乾祐打得大败，狼狈逃到安化郡（治所在今甘肃庆阳市）。肃宗斥责他不能坚守阵地，准备处以军法，但房琯建议赦免他，让他继续领兵效命。之后王思礼随郭子仪收复两京，被升为户部尚书，封霍国公，并担任潞泽节度使。李光弼任兵马副元帅后，王思礼接替李光弼任河东节度使。王思礼治军严整，士卒不敢违法，邺城溃败时，诸军狼狈奔逃，损失惨重，唯有王思礼和李光弼的队伍完整全退。

杜甫和李光弼、王思礼二人并无交往，却多次作诗称赞二人。之前在收复两京后他曾作《洗兵马》一诗，把广平王、郭子仪、房琯等人挨个夸一遍，王思礼也在其中。王思礼和李光弼去世后，杜甫还专门作诗为二人致哀，其中《八哀诗·赠司空王公思礼》一诗长达三百二十字！

所谓"处江湖之远则忧其君"，说的大概就是杜甫了。此时杜甫远在数千里之外，无官无职，却依然心忧朝廷，忧虑得心都要碎了，眼泪也沾湿了衣襟。但他知道自己全然是瞎操心，所以他将诗命名为《散愁》。所谓散愁，就是闲愁，没必要的忧愁。

他相信很快就会消灭叛军，捷报很快会传到京城。只是自己年迈，恐怕有生之年再也回不到家乡洛阳了。

二 陕震鼓鼙

中原的战争形势并不如杜甫预计的顺利。史思明久攻河阳不下，便另生一计，派间谍向官军传递假情报，说："洛阳的叛军都是燕地人，因长期戍守洛中，思归故乡，军中上下离心离德。这时攻击他们，就可以将他们打败。"

陕州观军容使鱼朝恩信以为然，多次向肃宗提及此事，于是肃宗命令李光弼等人攻取东京。李光弼上奏说："贼军士气还很盛，不可贸然轻进。"

朔方节度使仆固怀恩勇猛刚愎，他的部下都是番、汉劲旅，倚仗有功，做过许多违法乱纪的事情。郭子仪对他们宽仁厚待、委曲包容，每次临敌用兵之际，都依靠他们成事。而李光弼生性严厉，将不轨的军士一一绳之以法，绝不包容。仆固怀恩害怕李光弼，内心又十分厌恶他，于是附和鱼朝恩的意见，说东京可以攻取。肃宗信以为真，派来的中使一个接一个，督促李光弼出师。李光弼迫不得已，派遣郑、陈二州节度使李抱玉镇守河阳（今河南孟州市），自己与仆固怀恩率领军队，会合鱼朝恩及神策军节度使卫伯玉进攻洛阳。

上元二年（761年）二月二十三日，官军在洛阳北面的邙山布阵。李光弼下令军队依据险要地形布阵，但仆固怀恩却在平原地带布阵；李光弼命令军队转移到险要的地方，仆固怀恩又制止了这种做法。这时，史思明趁官军阵势没有部署完毕，发兵进攻，结果官军大败，死了数千人，军资器械全部丢弃。李光弼、仆固怀恩渡过黄河，退到山西闻喜县据守。鱼朝恩、卫伯玉逃回陕州，李抱玉也放弃河阳城逃跑。于是河阳、怀州（治所在今河南沁阳市）又重新陷入叛军之手。朝廷得知此事，大为惊恐，急忙增兵驻守陕州。

史思明打败李光弼，便欲乘胜向西入关。他派史朝义将兵为前锋，自北边道路袭击陕州，自己亲率大军跟在后面。三月初九，史朝义兵至礓子阪，被卫伯玉迎面痛击，大败而归。

卫伯玉率领的军队名为神策军，是当初哥舒翰于临洮西关磨环川打败吐蕃后设置的军队。及至安禄山造反的时候，神策军使成如璆派部将卫伯玉率兵一千人入援，讨伐叛军。后来卫伯玉率神策军驻扎在陕州。卫伯玉率领数百神策军骑兵在礓子阪大败叛军李归仁数千骑之后，肃宗任命卫伯玉为四镇（安西）、北庭行营节度使，后来又转为神策军节度使。

岑参对卫伯玉率领的神策军很是敬佩，曾在《九日使君席奉钱卫中丞赴长水》中赞叹道：

节使横行西出师，鸣弓擐甲羽林儿。
台上霜风凌草木，军中杀气傍旌旗。
预知汉将宣威日，正是胡尘欲灭时。

事实上，正是卫伯玉的有力防守，不仅成功地阻止叛军西进，还间接激化了史思明和史朝义父子的矛盾，造成史思明被杀。

史思明喜猜忌，性残忍，经常滥杀无辜，部下稍不如他的意，就被他诛杀九族，因而他手下人人都不能自保。史朝义是史思明的长子，经常跟随史思明带兵，比较谦恭谨慎，爱惜士兵，将士们多归心于他，但他并不受史思明的宠爱。史思明偏爱小儿子史朝清，派史朝清镇守范阳，又时常想杀掉史朝义，立史朝清为太子。这个想法被史思明的随从泄露，史朝义知道后很忧虑。

史朝义被卫伯玉大败后，又数次组织进攻，但都没能取得胜利，叛军被迫退兵，驻守在永宁。史思明认为史朝义很怯懦，对他很不满意，恨恨地对人说："史朝义终究不能成就我的大事！"想要按军法斩杀史朝义及其手下的诸位将领。

三月十三日，史思明命令史朝义筑一座三隅城，用以贮存军粮，限期一天完成。史朝义按期修筑完，但没来得及在墙上抹泥。史思明大怒，狠狠地辱骂史朝义，命令随从骑在马上监督抹泥，片刻之间便抹完了。史思明怒气未消，说："等攻克了陕州，我终究要杀掉史朝义。"史朝义内心忧惧如焚，不知如何是好。

史朝义的部将骆悦、蔡文景等人也预感到大事不好，怂恿史朝义废掉史思明以求自保。史朝义答应了。

当天傍晚，骆悦等人率领三百士兵，全副武装地闯入史思明的卧室。史思明正在上厕所，听到情况有变，跳墙进入马厩，骑马逃跑，却被射中胳膊，落马被抓。骆悦等人为避免留下祸患，干脆勒死史思明。

史朝义于是登基做了大燕国新皇帝，改年号为显圣。他秘密派人到范阳，命令散骑常侍张通儒等人杀掉史朝清及其他数十名不归附自己的人。然而计划执行得不太顺利,范阳城中的叛军自相攻击,在城中打了几个月,死掉数千人,才算安定下来。

史思明之死,对叛军是一场巨大的打击。史朝义部下的节度使大都是安禄山的旧将,地位不低于史思明,都是史朝义的长辈。他们和史朝义之间仅仅维持表面的君臣关系,并不能为史朝义所用。另外,由于数年来河南之地屡遭兵火,洛阳四周数百里内,州、县城都已成为废墟,农田荒芜,人烟断绝,叛军的经济状况也不太好。

第二十章　王维：身世犹空虚

严武任河南尹之事，史书记载不明，但在唐人的诗集中却有几处记录。除岑参之外，王维也有一首诗记述过严武任河南尹事。严武在赴任前，曾专程去看望王维。王维写了一首《河南严尹弟见宿弊庐访别，人赋十韵》赠他。这是一首命题诗，共有二十句，大部分是对严武泛泛褒奖。其中有几句写景："薄霜澄夜月，残雪带春风。古壁苍苔黑，寒山远烧红。"词句依然精炼传神，却少了战乱前的那种生趣与灵性，充满了冷清与枯寂。

这首诗在王维的编年集中，是倒数第二首。严武走后，元载出京任江淮转运使，王维亦写诗相赠，之后，王维就再没有写过诗了。《王维全集》共收诗歌三百七十六首，但是从天宝十四载（755年）叛乱爆发，到上元二年（761年）王维去世的六年时间里，仅留下二十六首诗，平均一年才四首，这和李白杜甫等人截然不同。李、杜二人在安史之乱爆发后创作了大量的诗篇。特别是杜甫，国家的破败与人民的痛苦激发了他旺盛的创作力，战乱后的作品不仅数量多，而且质量也很高。

很显然，王维的陷贼经历对他的艺术创作是个沉重的打击。与诗歌创作减少相对照的是，他的散文数量增加了。除了奏表，内容多是关于礼佛的事，例如《与魏居士书》《请施庄为寺表》等。在《请施庄为寺表》中，他请求允许把自己经营多年的辋川别业改为佛寺。

"薄霜澄夜月，残雪带春风"，时令当是上元二年的初春。此时王维已经六十一岁了，他自觉时日无多，更加想念在蜀州任刺史的弟弟王缙。他之前曾给肃宗上表，请求把弟弟调回京城。肃宗答应了他的要求，下诏将王缙调回京城做官。然而山高路迢，等诏书送达蜀州，王缙交接完工作，走到凤翔时，已经是七月了。此时王维已经病亟临危，他等不及王缙，便要来纸笔，给弟弟写了一封信作别。又给平生相熟的几位亲友写信，除了作别之外，还敦劝他们要信奉佛法、修养心性。写完之后，王维就溘然长逝了。

王维死时严武也在长安。他初春离开长安赴河南长水，数月之后，李光弼在洛阳北边的邙山战败，长水失陷，严武只能再次返回长安。严武虽与王维交好，但比王维要小二十多岁，算是王维的晚辈。《王维全集》中有三首写给严武的诗，都是严武主动去拜访时，王维写的答谢诗。似乎王维于严武并无太深的情谊，不知道他临终时有没有留信给严武。严武在长安优游了几个月，于上元二年十月又被授予成都尹、剑南节度使，离开了长安。严武和王维一样，笃信佛教，在王维死前的几个月里，二人曾见过几次，是否畅谈过佛理，均不可知。

据清代《蓝田县志》记载，王维死后被葬在辋川乡白家坪村东六十米处，王维的母亲也葬在此地。墓地前临飞云山下的辋川河岸。

安史之乱平定后，代宗让王缙做了宰相。代宗也好文学，有一天跟王缙讲："你哥哥王维在天宝中诗名冠代，我当时尚在诸王座中，听过他作的乐章。如今他留下多少文集，你可呈上来我看看。"王缙说："我哥哥在开元中写过诗歌百千余篇，但是天宝丧乱之后，十不存一。我遍询亲友，仅得到四百余篇。"

王维还在世时，他的诗就已经十分有名了。天宝初年殷璠编撰《河岳英灵集》，共收有二十四位诗人的二百二十八首诗，其中王维的诗有十五首，仅次于王昌龄十六首，比李白还多两首。杜甫曾在永泰年间怀念王维说："不见高人王右丞，蓝田丘壑漫寒藤。最传秀句寰区满，未绝风流相国能。"说王维的诗句在当时传遍天下。

然而在宋代，人们对王维的诗评价并不高。一方面固然是因为宋人大率以学问为根柢，喜欢以才学为诗，以议论为诗，以文字为诗，而王维的诗重在妙悟。另一方面，也是因为宋人重气节，而王维在安史之乱时气节有亏。例如北宋末年的张表臣曾议论王维的《凝碧池》："他日缘此诗得不死，然愧于雷海清多矣！"意思是说，比之守节而死的雷海清，王维应该感到惭愧才是。

对王维批判更激烈的是南宋时的朱熹，他说："君子当以天命、人伦、君臣、父子大伦为重，大伦能确立，则气节才能高，语言才能妙。像王维和储光羲的诗不能不说悠然清远，但是他们失身于安禄山，则其平生辛勤努力而得以传世的作品，只不过是留给后人嗤笑罢了！"

这种论调正是令王维晚年心如死灰的心理根源。他虽然礼佛多年，但终究逃不开尘世之网。以朱熹之权威身份，对王维作如此激烈之抨击，足以让王维再死一回了。

开元八年（720年），王维曾写过一首诗：

莫以今时宠，能忘旧日恩。看花满眼泪，不共楚王言。

诗题为《息夫人》，说的是春秋时期，息国被楚王攻灭，息侯与夫人同被楚文王掳走。楚文王令息侯看守城门，并把息夫人据为己有，与之生了两个儿子。息夫人入楚之后一直不说话，楚文王问她原因，她说："我一个妇人，却先后侍奉二夫，人生如此，还有什么可说呢？"

王维此诗很含蓄，寥寥数语，便道出息夫人内心的极度压抑和无法表达的绝望。面对满目春花，她没有一丝欢乐，只有满眼的泪水。她交给强暴者的只是个躯壳，而她的内心早已经死去。

王维写此诗时，年仅二十岁，刚入长安不久，尚未中进士，在京城与诸王交游，于宁王李宪的府中写下这首感人至深的小诗。据说当时宁王命众人作诗，王维诗先成，在场众人无敢继者。如此年少，却又有如此敏锐的感受力，王维的天纵英才可见一斑。

然而，纵有卓绝的想象力，二十岁的王维恐怕也不能真正领会息夫人的痛苦。等到三十多年后真正能领会的时候，他才明白，息夫人的痛苦，远非当日他所能理解，亦非今日他所能承受。

如果命运可以选择，或许王维更愿意选择从未入京求仕，宁愿那个率先写出诗歌，一时风头无两的少年，并不是自己。

第二十一章　胡寇尚未尽

圣朝正用武

上元二年（761年）七月，王维去世了。这对中国文学来说，绝对是一个损失，但对当时的人来说，这只是一件没什么人留意的小事。不仅李、杜、高、岑等人没有写诗悼念，连王维最好的朋友裴迪，也没有留下任何悼念的诗。

在王维去世前后，最引人注目的事件，是李光弼赴河南行营。

二月邙山之战失败后，李光弼于五月份入朝谢罪，请求自贬。肃宗罢了他的天下兵马副元帅之职，改任他为河中节度使，但很快又重新任命李光弼为河南副元师、太尉兼侍中，让他都统河南、淮南、山南东、荆南、江南西、浙江等八道行营节度，出镇临淮郡。

李光弼受命之后，于八月十七日赶到河南行营所在地临淮郡。临淮郡的治所即今天江苏省的盱眙，当时属于河南道。李光弼到达这里的时候，河南东南地区的情况十分危急。史朝义趁邙山之战胜利，发兵进攻信阳、光山等地，并亲自率兵围困宋州，企图打通往江淮的通道。唐军诸将认为史朝义兵力还很强大，请求李光弼向南退保扬州。

李光弼说："如今朝廷安危全都系于我，我再退缩，朝廷还指望什么呢？况且我出其不意，贼军哪里知道我军众寡？"于是率军向北，直赴与宋州毗邻的徐州。

当时宋州被围已经有数月，城中粮食用尽，即将陷落，刺史李岑束手无策。有个叫刘昌的将军说："粮仓中还有几千斤酒曲，我们可以把它捣碎了吃，不出二十天，李太尉必定来救我们。城东南角最危急，请让我前去防守。"果然，李光弼派兖、郓二州节度使田神功围攻宋州叛军，将叛军打得大败而归。

田神功曾任平卢节度都知兵马使，安禄山叛乱后，他率众归朝，后奉命守汴州。史思明攻汴州时，他随许叔冀投降，后来寻到机会再次归顺唐廷。去年他奉肃宗命令，在江淮平乱，攻克敌军后，因贪恋江南富庶，不肯回去，并任由手下士兵大肆掳掠十多天。直到听说李光弼出镇临淮，田神功才急速返回河南。可见李光弼在军中威望有多高。

继五月安排李光弼出镇临淮之后，朝廷又接连做了几个大动作，积极准备对叛军进行反攻。

八月二十九日，朝廷任命殿中监李若幽为镇西、北庭、兴平、陈州、郑州等节度行营及河中节度使，驻镇山西绛州，补了李光弼离开后的空缺。后来，由于绛州缺粮，朔方、镇西等行营将士作乱，杀掉了李若幽，朝廷于是改派郭子仪接管了绛州的工作。

这是在河南及山西的部署。在河北及山东地区，也有两支队伍对叛军形成威胁。一是屯驻今天的新乡、滑县一带的滑、卫等六州节度使令狐彰，他本是史思明的魏博节度使，后来投降了朝廷。滑、卫地处洛阳与范阳的交通线上，令狐彰的反水，几乎断了史朝义的退路。另一支队伍是驻扎在兖州的平卢节度使侯希逸和兖、郓二州节度使田神功，他们在叛军的东边。

另外，南方襄阳一带还有山南东道节度使来瑱，这也是一位经验丰富的老将，曾配合张镐打败安庆绪领导的叛军，收复河南全境。

这几支唐军的存在，犹如一只铁桶，紧紧地围住史朝义，令他只能龟缩在洛阳一带，做困兽之斗。上元三年（762年），史朝义曾先后在河南的许昌、信阳，以及北边的山西晋城组织过几次进攻，但都被唐军打退。

唐军虽然做好了部署，但未能及时发动反攻，主要原因是朝廷之上发生了重大的变故。

上元三年四月初八，太上皇病逝于太极宫的神龙殿，享年七十八岁。李隆基二十七岁做皇帝，在位时间长达四十四年，这在中国历史上已是排在前几位的；退位之后他又做了六年太上皇，虽然没有熬到叛乱完全平定，但是他的主要敌人安禄山和史思明都先他而死，想来他的心中也不至于太过遗憾。

他亲手创造了开元盛世，让中国封建王朝的综合国力一度达到巅峰，令之后数百年的统治者们都难望其项背。由于晚年的昏聩，他又亲手毁掉这一辉煌业绩，实在令人惋惜。

太上皇的死，本来不应该对政局有什么影响。但巧的是，肃宗本年春天也生病了，而且一病不起。他听说太上皇驾崩，心情哀痛，病情更加重了。肃宗本身是一个仁弱的人，从他对张皇后和李辅国的顺从上可以看出这一点。玄宗当年立他为太子时，也说过他忠厚老实。肃宗对太上皇的感情非常复杂，既有猜忌与害怕，又有尊敬与亲孝，可能还掺杂着一些愧疚和不安。太上皇驾崩，对肃宗是个重大打击，他自觉无力再处理朝政，就下诏让太子监国，改年号为宝应，并大赦天下。

本以为这样便可以安心养病了，谁知不省心的张皇后和大宦官李辅国又斗了起来。肃宗即位之后，张皇后和李辅国相互勾结，互为表里，一起把持朝政。然而随着李辅国权力越来越大，张皇后慢慢和李辅国有了矛盾。太上皇驾崩后，张皇后和太子商议除掉李辅国，太子担心肃宗受到惊吓，拒绝了。张皇后又与越王李系密谋，不料消息走漏，被李辅国知道。四月十六日，李辅国率兵逮捕越王李系等人，并以太子的名义令张皇后离开肃宗，迁居到别的殿宇。当时肃宗在长生殿，李辅国派来的使者当着肃宗的面，逼迫张皇后离开长生殿，将她和左右数十人一起幽禁起来。后宫的宦官和宫女都惊恐不已，纷纷逃散。肃宗受此惊吓，病情又重，挨了一两日就死掉了。

宝应元年（762年）四月二十日，太子李豫继位，史称唐代宗。平叛安史之乱的战争打了六年多，反反复复，终肃宗一朝都没有结束。肃宗一死，这个重任又落到了代宗身上。

大军镇关门

代宗甫一继位，并没有急于部署平叛，因为他不仅要料理两位先皇后事，还要想法除去李辅国。他先擢升李辅国为司空兼中书令，满足了李辅国一直想当宰相的愿望，以稳住李辅国；继而在飞龙厩副使、宦官程元振的帮助下，除掉李辅国。然后，代宗又加封郭子仪、李光弼及诸王等，并派遣精于理财的刘晏担任度支使、转运使、盐铁使、铸钱使等职。

等到内外政治都理得差不多了，已经是当年的秋天。代宗遣中使刘清潭与回纥重修旧好，想请回纥再次出兵帮助围剿史朝义。

代宗做广平王的时候，曾与回纥叶护王子约为兄弟。此前更有肃宗将次女宁国公主嫁与毗伽阙可汗。按说有了这两层纽带，唐与回纥的关系应该往好的方向发展。但是不久，毗伽阙可汗去世了，而叶护王子之前已经获罪被杀，毗伽阙的小儿子被立为登里可汗。宁国公主拒绝按回纥风俗为毗伽阙可汗殉葬，回纥人就把公主送了回来，之后唐朝与回纥的联系就少了。

刘清潭走到回纥王庭，却发现史朝义已经先写信给登里可汗了。史朝义告诉可汗说中原无主，请他发兵共取唐朝的财货。登里可汗听信了史朝义的话，已经发兵，并且已到达朔方的受降城。刘清潭告诉登里可汗，虽然肃宗已经驾崩，但是新皇已经继位，就是当年与叶护王子一同收复两京的广平王。

可是回纥军看到唐朝很多州、县都已成为废墟，对唐朝很是轻视。登里可汗不相信刘清潭的话，对他十分无礼，还把他扣留下来。刘清潭派遣使者回朝汇报情况，说回纥已经调集十万军队前来，请朝廷做好防备。

朝廷上下闻听此言，大为震骇。代宗派人前去忻州南面慰劳回纥军队。这时登里可汗请求与仆固怀恩会面。之前毗伽阙可汗曾向唐朝为登里求婚，肃宗将仆固怀恩的女儿嫁给登里为妻。正好仆固怀恩当时驻军在汾州，离忻州不远，代宗命他前去见面。仆固怀恩劝登里可汗不要辜负唐朝的恩典和信义，可汗很高兴，派遣使者上表，请求帮助唐朝讨伐史朝义。

宝应元年十月，代宗以雍王李适为天下兵马元帅，率领诸军于陕州会合，进讨史朝义。朔方节度使仆固怀恩为同平章事兼绛州刺史，担任李适的副手，统领各军节度行营。

这次军事部署，给久谪虢州的岑参带来了新的机会。

岑参于本年初由虢州长史改为镇国军节度判官。镇国军是新置的方镇，主要负责潼关的防御，因官署设在潼关以西的华州，所以又称关西节度。这是上元二年（761年）遭受北邙之败后，朝廷为了加强潼关防御而做的新举措。虢州毗邻华州，岑参之前又在北庭做过节度判官，所以请他来做节度判官是很自然的事情。

镇国军的节度使叫李怀让，岑参并没有留下关于这位新长官的只言片语。不仅如此，他对自己新的工作环境似乎也不满意。这一年的早春，他在寄给同州的一位刺史朋友的信中，描述自己的心情：

胡寇尚未尽，大军镇关门。旌旗遍草木，兵马如云屯。
圣朝正用武，诸将皆承恩。不见征战功，但闻歌吹喧。
儒生有长策，闭口不敢言。

这首诗写得闷闷不乐，饱含忧虑，看得出他很希望能早点平叛。叛军尚未剿灭，潼关一带兵马如云，但是诸将对平叛并不热心，每日只是歌舞宴饮。岑参心中也有平叛的方略，但是他职位太低，不敢多言。

到了十月，雍王担任天下兵马元帅后，表请岑参为元帅府的掌书记。岑参跟随雍王一起来到陕州的最前线，他的心情终于好了一些。他在陕州月城送别进京奏事的同僚，写道：

"送客飞鸟外,城头楼最高。樽前遇风雨,窗里动波涛。谒帝向金殿,随身唯宝刀。"言语简寥,气格却很高。

不过可惜的是,岑参虽然处在平叛的最前线,但他并没有留下更多关于战斗细节的诗。也许是年岁渐老,激情不再,也许是有什么原因阻止他倾诉胸怀,又或许国家丧乱让他对写诗这件事感到无聊,总之,这首《陕州月城楼送辛判官入奏》是他在安史之乱期间写的最后一首诗,仍然只是应酬之作。等我们再次读到他直抒胸臆的感人之作时,他已经老病衰朽,行将辞世了。

第二十二章　杜甫：归期未敢论

蚩尤终戮辱

宝应元年（762年）十月二十三日，唐朝各路军队从陕州出发。仆固怀恩与回纥左杀为前锋，陕西节度使郭英义、神策观军容使鱼朝恩殿后，从西面的渑池入攻洛阳；潞泽节度使李抱玉从北面河阳入攻洛阳；河南等道副元帅李光弼从东面的陈留入攻洛阳。雍王李适留守陕州。

史朝义听说官军即将到达，便与诸将商议对策。阿史那承庆说："如果只是唐朝汉军单独前来，我们自当率领全军与他们决战。但现在唐军与回纥军队一起前来，他们的兵锋锐不可当，我们应该退守河阳，避其锋芒。"史朝义不同意。

二十七日，官军到达洛阳北郊，分兵取怀州，次日便攻克怀州。

三十日，官军在洛阳北郊的横水布阵。叛军数万人与唐军相持。仆固怀恩与回纥军队里外合击，将叛军打得大败。史朝义率领所有的精锐部队十万人前去救援，官军急速冲击敌阵，杀伤很多敌军，但贼军阵势仍然没有动摇。关键时候，又是西域归来的安西兵发挥了作用,只听镇西节度使马璘喊了一声:"事急矣!"就单枪匹马冲入敌阵。他奋力拼杀,夺取叛军两块盾牌,突入千军万马之中。叛军纷纷倒下,唐军大部队乘机突入敌阵,叛军大败。

此战唐军杀敌六万人,捕获二万人,史朝义仅率领数百名轻骑向东逃窜。仆固怀恩率军攻入东都及河阳城,派其子仆固玚率领步、骑兵一万多人继续追击史朝义,又在郑州大败叛军。史朝义逃到汴州,他的陈留节度使张献诚紧闭城门,拒绝让他进城,史朝义只好向北逃跑,由濮州(今山东鄄城县)北渡黄河。仆固怀恩追上史朝义,在魏州将其打败。河南北部及河北南部的九个州相继投降唐朝。

史朝义于十二月辗转逃到莫州(今河北任丘北,白洋淀东部一带)。他的部将田承嗣劝说他亲自前往幽州征调军队,回救莫州,并请求让自己留下守卫莫州。史朝义采纳了他的建议,挑选五千精锐骑兵从北门冲出包围。史朝义离去之后,田承嗣马上举城投降,将史朝义的母亲、妻子、儿子一起送交官军。

史朝义的范阳节度使李怀仙也已经向朝廷请求投降了,并派遣兵马使李抱忠率领三千士兵镇守范阳县。史朝义来到范阳,李抱忠不让他入城,只让人在城东供应他膳食。

见到如此情形,史朝义手下的范阳人一起向史朝义叩拜而去。史朝义独自与数百名胡人骑兵离去,奔赴广阳(在今河北隆化县境内),广阳也不接收他们。史朝义想向北进入奚、契丹境内，来到温泉栅（今河北唐山市北丰润县）时，李怀仙派兵追上了他们。史朝义走投无路，在树林中上吊自杀，李怀仙割取了他的头颅献给朝廷。仆固怀恩与各路军队都各自回镇。

宝应二年（763年）正月三十日，史朝义的头颅被送到京师，安史之乱正式宣告结束。从天宝十四载（755年）十一月以来，战乱一共延续了七年零三个月。众多使者从长安出发，快马加鞭奔驰在驿道上，把战争结束的消息传递到大唐各个地方，全国百姓都欢天喜地。

交情老更亲

消息传到四川时，杜甫身在梓州。

他于乾元二年（759年）岁末从秦州辗转到达成都，临时寄居在城西七里浣花溪畔的草堂寺。在成都西北不远的彭州，他的好朋友高适正在那里担任刺史。高适的运气要比贾至好很多，邺城溃败时，东都一带的官民都在逃跑，高适也跟着跑，跑到邓州、襄城一带才停下来。本打算继续向南逃，到江淮地区，朝廷却忽然下诏，让他到彭州担任刺史。彭州的治所在今天四川的彭县，离成都仅有几十里之遥。

高适听说杜甫来了，就写诗问候他，诗里颇有调侃的意味：

传道招提客，诗书自讨论。佛香时入院，僧饭屡过门。听法还应难，寻经剩欲翻。草玄今已毕，此外复何言？

招提，就是寺院。这首诗大意是说，我听说你现在吃住都在寺院里，是不是还天天在研究诗文经典呢？你如今的成就已经很高了，比西汉时候撰写《太玄经》的扬雄还了不起，以后你还能再写些什么更高水平的作品呢？

看起来高适对杜甫的情况并不太了解。杜甫当时虽然住在寺院里，但是并没有在寺院里蹭饭。当时任成都尹的裴冕是杜甫的朋友，杜甫很可能得到了他的一些帮助，自己起火做饭。他后来在寺院附近找了块地方，在朋友们的帮助下建起了一座草堂。

草堂落成，杜甫自然很高兴，他终于可以不用再颠沛流离了，终于可以安定地过日子了，这期间他写了不少赞美草堂自然风景的诗。但日子刚安定下来，裴冕就调回京城去了，杜甫的生活一下子又陷入了困顿。没办法，杜甫只得硬着头皮寻求老朋友高适的帮助。他可怜巴巴地托人给高适捎信："百年已过半，秋至转饥寒。为问彭州牧，何时救急难？"

杜甫的诗写得如此直白，可以看出两人交情很深。实际上，杜甫与高适大约在开元末年就已经相识，是十几年的老朋友了。高适接到此诗应该是慷慨相助了，因为时隔不久，杜甫就专门去看望高适。在出发前，他先写了一首诗寄给高适，诗中说道："行色秋将晚，交情老更亲。天涯喜相见，披豁对吾真。"在国家丧乱之际,两位老朋友能在遥远的西南边隅相见畅谈,实在是难得的喜事。

大约上元元年(760年)末,高适又转为蜀州刺史。蜀州治所在今天的四川崇州,离成都也不过百里,两人偶尔还能相聚。

上元二年(761年)正月初七,旧时称这一天为人日,高适写了一首《人日寄杜二拾遗》。这首诗写得感情真挚,言语平实,很是感人:

人日题诗寄草堂,遥怜故人思故乡。
柳条弄色不忍见,梅花满枝空断肠。
身在南藩无所预,心怀百忧复千虑。
今年人日空相忆,明年人日知何处。
一卧东山三十春,岂知书剑老风尘。
龙钟还忝二千石,愧尔东西南北人。

这首诗大致写冬去春来,物候变换,朋友却不能经常相见。而时局变化无常,不知道明年二人各自又会去向何方。自己虽然做了地方高官,但是驻守在西南边陲,并不能参与国家大政,壮志难伸,心中仍不免郁闷。可是老朋友杜甫,却像东晋高卧东山的谢安一样,三十年不起,又四处飘零,居无定所,很像孔子自谓的那种"东西南北之人"。相比老朋友杜甫,高适自觉很惭愧。

这是《高适编年集》中的最后一首诗，之后他或许还有其他诗作，但都散逸不见了。在这首诗里，高适不以自己官位高而骄傲，反而赞扬了杜甫不肯屈节为官的品行，令杜甫十分感动。他把这首诗收藏起来，一直携带在身边。

高适在蜀州刺史任上待了一年多，宝应元年（762年）七月，他接替严武任成都尹。安史之乱平定后，严武被改为剑南节度使，广德二年（764年）春，他再次镇蜀，高适则被诏还长安，任刑部侍郎，后转散骑常侍。次年正月，高适卒于长安，终年六十五岁。

大历五年（770年）正月，此时高适已经去世五年了，杜甫年迈体衰，乘舟流落在湖南。他翻检文书，又读到十年前高适寄给他的《人日寄杜二拾遗》，不禁老泪纵横，感慨万分。他写诗追酬九泉之下的高适：

自蒙蜀州人日作，不意清诗久零落。
今晨散帙眼忽开，迸泪幽吟事如昨。
呜呼壮士多慷慨，合沓高名动寥廓。
叹我凄凄求友篇，感时郁郁匡君略。

归期未敢论

杜甫在成都生活了四年多，这是他自天宝初年入长安求仕以来，难得的几年相对安定的生活。这种安定得益于一些好朋友的倾力相助，其中对他帮助最大的是严武。

严武比杜甫小十四岁，杜甫与其父严挺之亦有交往，可以说，他是看着严武长大的。至德二载（757年），杜甫在朝任左拾遗时曾有一首诗《奉赠严八阁老》，就是写给严武的。阁老是中书及门下两省官员彼此使用的尊称。严武在兄弟中排行第八，当时在门下省任给事中。诗中写道："扈圣登黄阁，明公独妙年……新诗句句好，应任老夫传。"杜甫夸奖严武年轻有为，并自称老夫，可以看出他们的关系很是亲密。

严武也是个诗人。杜甫在这首诗里称赞他的诗"句句好"，在另一首诗里又曾很具体地夸赞他"诗清立意新"。岑参诗中也曾评论严武"别后新诗满人口"，可见严武的诗在当时是有一些流传的。可惜严武留下的诗不多，《全唐诗》仅收有六首，其中最为知名的是《军城早秋》一诗：

昨夜秋风入汉关，朔云边月满西山。
更催飞将追骄虏，莫遣沙场匹马还。

这首诗前两句明写秋景，实则暗喻敌军已经进犯边关的紧急形势，后两句表现诗人指挥若定的大将风度，传达出必将大获全胜的信念。全诗语言凝练，豪迈大气，纵使放在王昌龄的集中，也不逊色。

上元二年（761年）冬天，严武由河南尹改任剑南东、西川节度使兼成都尹，来到成都之后，和杜甫多有酬唱。严武多次亲往杜甫的草堂探望，并写诗邀杜甫入幕府做官，但杜甫婉言拒绝了。

宝应元年（762年）六月，严武奉调入京时，杜甫离开成都为他送行，一直送到数百里之外的绵州，并写诗相赠："远送从此别，青山空复情。几时杯重把，昨夜月同行……江村独归处，寂寞养残生。"

严武此番返回京城，很有可能要做宰相，估计再也不会镇抚蜀地了。杜甫一方面为他高兴，一方面很是不舍。所以结尾处叹息说，自己只能独自返回江畔的村庄，寂寞地度过余生。

严武刚刚卸任，蜀地就开始动乱了。剑南兵马使徐知道聚众造反，派军扼守蜀地各个要害地区，严武被阻挡在巴岭一带，累月不得前进。成都大乱，草堂不便居留，杜甫只好携家迁往梓州投靠朋友。

好在叛乱并没有持续多久，八月份，徐知道被部将所杀，局势又平定下来。杜甫没有立即返回成都，大约是想再观望观望。另外，他心里还有个想法，就是出三峡，返回故乡。这个想法在他送严武返京的另一首诗中也提到过："此生那老蜀，不死会归秦。"秦指的就是关中地区。这辈子哪能老死在蜀地呢？只要我还活着，就一定要想办法回到中原。这两句话说得非常坚决。可见，哪怕成都的生活再平静、再安适，杜甫的心始终根植在中原。

就这么犹豫着，不知不觉到了新年。宝应二年（763年）年初，安史之乱平定的消息终于传到梓州，杜甫欣喜若狂，他的妻子和孩子也都十分高兴。他纵笔写下了千古名篇《闻官军收河南河北》：

剑外忽传收蓟北，初闻涕泪满衣裳。
却看妻子愁何在，漫卷诗书喜欲狂。
白日放歌须纵酒，青春作伴好还乡。
即从巴峡穿巫峡，便下襄阳向洛阳。

韩愈在讨论诗歌写作时，有一句名言："欢愉之辞难工，穷苦之言易好。"意思是说描写欢乐很难，而描写穷苦，则相对容易写好。杜甫这首诗，对喜悦的描写很生动感人，许多诗评家都给予极高的评价。金圣叹评此诗说："此等诗，字字化境，在杜诗中为最上乘也。"王嗣奭说："此诗句句有喜跃意，一气流注，而曲折尽情，绝无妆点，愈朴愈真，他人决不能道。"

此时杜甫阔别家乡已经四年多了。四年来他虽然身处遥远的西南，却一直关心着中原的战局，时刻盼望着有一天叛乱平定，好返回故土。如今战乱平定，怎能不让他激动欲狂呢？他很想即刻就买舟东下，穿三峡到襄阳，然后北上返回洛阳。

然而，回家的路并不能说走就走，一家老小远行数千里，并不是一件容易的事情。收拾行装、雇佣船只、打探前程，很多麻烦事需要料理。

另外，战乱虽然平息，故乡却已不再是乐土。中原历经多年战乱，赤地千里，不堪生计。亲友们也已经四散各地。到底是返回洛阳还是去往别处，是一个需要仔细斟酌的事情。

第四部分 繁华落尽

第二十三章　杜甫：不见风尘清

西京疲百战

杜甫在梓州犹豫不决的时候，刚刚摆脱安史之乱的大唐王朝又经历了一场新的劫难。这场劫难让杜甫痛心不已，同时也坚定了他赶紧离开蜀地的念头。

广德元年（763年，即宝应二年，七月改元）秋七月，吐蕃侵入大震关（在今陕西陇县西五十公里处），河西、陇右地区均被吐蕃占领。唐朝自高祖武德年间向外开拓疆域，逐渐收服了这些地区，并设置都督府、州、县等。开元年间，朝廷设置朔方、陇右、河西、安西、北庭各节度使管理西北地区，每年征发崤山以东的壮丁戍守，并开荒屯田，设置监牧，蓄养牛马。唐朝的军城和哨所星罗棋布，万里相望。但安禄山造反之后，边镇的精锐部队都被抽调回来参与平叛，剩下留守边镇的部队势单力薄，吐蕃军队便逐渐将他们蚕食。数年时间，西北地区数十州相继沦陷，自凤翔以西、邠州（治所在今陕西彬州）以北，均被吐蕃军队占领。

吐蕃来势汹汹，边境纷纷告急。而可恶的是，大宦官程元振当时任内侍监和元帅行军司马，他专权自恣，竟然封锁消息，把代宗蒙在鼓里。待到吐蕃进攻泾州（治所在今甘肃泾川县），刺史高晖投降，引吐蕃军深入到邠州，离长安仅有二百多里，代宗这才得到消息。

十月初二，吐蕃进攻奉天（今陕西乾县）和武功（今陕西武功县），京师震骇。代宗连忙下诏让雍王李适为关内元帅，郭子仪为副元帅，出镇咸阳抵御吐蕃。但郭子仪在京城闲居多时，部下早已离散，他临时招募部众，启程的时候仅得骑兵二十人同行。他们到达咸阳时，吐蕃率领吐谷浑、党项、氐、羌等各族军队二十多万人，已经渡过渭河，顺着山脉向东涌来，前后绵延达数十里。

郭子仪派遣判官、中书舍人王延昌入朝奏报军情，请求增兵支援。可因为程元振的阻拦，王延昌竟然没有被代宗召见。十月初六，吐蕃大举进攻盩厔（今陕西周至县），唐守军全部战死，渭北行营兵马使吕月将被擒。

此时代宗正在操练军队，听说吐蕃军队已经跨过咸阳附近的便桥，仓皇不知所措，便放弃守备，逃往陕州。长安城的官吏和禁军部队也跟着一哄而散。郭子仪闻听此事，急忙从咸阳赶回长安，但代宗已经走了。

十月初九，吐蕃军队进入长安，立广武王李承宏为皇帝，更改年号，设置百官。吐蕃军队大肆抢劫府库市里的财物，焚毁居宅，长安城中一片萧条。溃散的禁军也到处抢劫，百姓纷纷逃入山谷，躲避战乱。

郭子仪率领三十名骑兵从长安城南一带缓慢向东，收拢了一批溃军，后又在商州招拢了一些残兵，加上武关（在今陕西丹凤县东南）的守军，共有四千人，军声稍稍振作。鄜、延二州节度使白孝德率军南下，奔赴京畿，与蒲州、陕州、商州、华州的军队同心协力，共击吐蕃军队。

吐蕃在长安扶植起一个伪政权，就准备掳掠长安城中的士人、妇女和工匠，一起整队回国。郭子仪派兵在长安城外虚张声势，白天击鼓摇旗，夜里燃起许多火堆。吐蕃军队害怕，开始逐渐撤退。唐军又遣人入城，秘密纠集数百名少年，趁夜在朱雀街击鼓呐喊，吐蕃军队更加惶恐不安。十月二十一日，吐蕃军全部撤离长安逃跑。

吐蕃进逼长安的同时，剑南道的松州（治所在今四川松潘县）、维州（治所在今四川理县东北）、保州（治所在今四川理县西北）也发动了进攻。高适此时任剑南节度使，在蜀地训练士卒，他率军逼近吐蕃南境，想以此牵制吐蕃军队。但是师出无功，松州、维州、保州相继陷没。成都刚刚经历徐知道之乱，又面临吐蕃的威胁，显然已非宜居之地。虽然老朋友高适尚在蜀地，但是杜甫对高适守蜀实在没有信心。他后来在《为阆州王使君进论巴蜀安危表》中，对高适忽视三城戍卫，以及仓促出战致使丢失松州、维州等地表达了不满，希望朝廷速派有智慧、有经验的重臣镇守剑南。

蜀地不堪久居，长安刚经战火，中原形势又变得危急起来。洛阳一带饱经战乱、民物凋敝，自然不是宜居之所。思来想去,杜甫决计东游吴楚。也许江南的鱼米还可以寄养自己这把老骨头吧,他想。

临行前,他给梓州刺史章彝留了一首长诗,诗里很有些凄凄自怜的意思:"我来入蜀门,岁月亦已久……昔如纵壑鱼,今如丧家狗。既无游方恋,行止复何有。"他自喻为丧家狗,天下虽大,自己一无所有,没什么可眷恋的,无论去哪里都无所谓。即便如此,他仍为朝廷的情况感到忧虑,很想知道长安近况如何,皇帝是否安然无恙:"所忧盗贼多,重见衣冠走。中原消息断,黄屋今安否。"

广德元年(763年)年底,杜甫携一家老小,乘船离开梓州,再次踏上流浪的征程。

乾坤尚虎狼

从梓州出蜀,可以一路乘船。由涪江南下,进入嘉陵江至重庆,再沿长江东下出峡。杜甫没有走这条路,而是先携家眷来到嘉陵江的上游——阆州。到达时适逢新年,阆州的王刺史盛情款待他。他在阆州待了一两个月,大约是想等天气变暖后再登船出峡。

春暖花开之日,杜甫得知长安终于在年前收复,欣喜之余,更多的是伤感。他写了《伤春五首》,其一写道:"天下兵虽满,春光日自浓。西京疲百战,北阙任群凶……蒙尘清露急,御宿且谁供。"不管天下如何兵荒马乱,春光依然一日比一日浓。京城再次沦陷,人民疲于战乱,朝廷却没办法制服群凶。杜甫很挂念流落在外的代宗,他想象代宗不得不蒙受风餐露宿之苦,不知道皇上的日用之物都由谁来供应。

  本以为安史之乱平定,国家便可太平,重建盛世,吐蕃的入侵让杜甫深感失望。他觉得自己之前对形势的判断太乐观了。念及国家的未来,他十分苦闷,写了一首《释闷》:"四海十年不解兵,犬戎也复临咸京……江边老翁错料事,眼暗不见风尘清。"

  其实当时唐帝国最重要的危机,并非来自吐蕃。吐蕃虽然频频袭扰中原,所求不过是子女、财货,抢完便走,并没有久居中原的打算。唐朝只要能君臣一心,小心提防,吐蕃其实没有太多可乘之机。此次长安被吐蕃攻破,主要原因并非唐军战斗不力,而是以程元振为首的一批宦官专权干政,他们害怕边将立功,常常置军国大事于不顾,对外不做防备,对内封锁消息,导致唐朝对吐蕃入侵毫无准备。吐蕃退后,代宗虽然将程元振贬为平民,但是宦官势力并没有消除。大宦官鱼朝恩以扈驾有功,被授天下观军容宣慰处置使,统领全部禁兵,权宠无比。

  除宦官之外,在平叛过程中逐渐壮大的诸镇节度使,也成为唐朝新的忧患。这些地方新诸侯倚仗手中有兵,对朝廷的命令虚与委蛇,与邻近的节度使要么勾结一气,联手与朝廷相抗,要么以邻为壑,彼此攻占,朝廷无力制辖。

诸镇节度使中，最桀骜不驯的是河北的薛嵩、田承嗣、李怀仙等人，他们原是跟随安禄山、史思明作乱的叛将，在平叛战争即将胜利之际投降唐朝。虽投降，但河北三镇不肯受朝廷节制，也不上贡，彼此勾结，共同与朝廷对抗。大历三年（768 年），李怀仙被部将朱希彩所杀。朱希彩自称留后，朝廷不许，派兵讨伐，却不能取胜，只得承认朱希彩的权力，授予他节度使之职。之后的河北三镇俨然成了一个独立王国，终唐一世，河北割据的局面始终没有解决。

这些情况在杜甫的《有感五首》中写得很明白。

其二：

幽蓟余蛇豕，乾坤尚虎狼。诸侯春不贡，使者日相望。
慎勿吞青海，无劳问越裳。大君先息战，归马华山阳。

虽然杜甫十分忧虑河北地区养虎为患，但他还是建议朝廷不要急于收复陇右和西川失地，也不要着急发兵到南诏（唐朝附属国，领土主要分布在今云南一带）问罪，而是要放马华山之南，休养生息。

开元盛世的背影已经远去，新的盛世渺不可及。杜甫对大唐中兴似乎已经不抱希望了。他追忆往事，忧伤地写下了《忆昔二首》，一首议论朝廷失策，另一首怀念盛世繁华，其中写道：

忆昔开元全盛日，小邑犹藏万家室。
稻米流脂粟米白，公私仓廪俱丰实。
九州道路无豺虎，远行不劳吉日出。
齐纨鲁缟车班班，男耕女桑不相失。
宫中圣人奏云门，天下朋友皆胶漆。

杜甫于壮年之际亲身经历一场由盛而衰的大变革，亲眼见到繁华破灭，焦土遍野。数年之间，他漂泊万里，萍踪不定，尝尽人间辛苦。清初的仇兆鳌曾说："自古诗人之穷，未有如子美者。"

杜甫的穷困，主要是安史之乱造成的。但安史之乱平息，杜甫的境遇并没有好一些。蜀地不堪留，吴楚是否是乐土亦不可知。南下的扁舟在江边系了一两个月，杜甫仍然没有动身。直到第二年，也就是广德二年（764年）的二月份，他才终于离开阆州。不过并没有向东，而是转头又回到了成都。

第二十四章　李白：昔年有狂客

广德元年（763年）冬天，杜甫在梓州筹划出峡的时候，大约就是李白辞世之时。

李白上元元年（760年）岁末从湖南到达豫章，与宗氏短暂相聚数月。上元二年（761年）暮春时节，宗氏往庐山寻访道姑李腾空，李白送别宗氏后便来到金陵，在金陵、宣城及历阳一带游荡。八月间，李光弼受封都统八道行营节度，出镇临淮，六十一岁的李白听说此事，雄心又起，计划前往李光弼军前效力，再次参与平叛。

不凑巧的是，走到半道，他居然生病了，而且病得很厉害，只好返回金陵。金陵当时属润州，润州刺史崔侍御对他热情款待。但李白的病似乎一时半会儿好不了，他只好更改计划前往当涂，依附族叔李阳冰。

临行前，李白给崔侍御写了一首长诗留别，名为《闻李太尉大举秦兵百万出征，东南儒夫请缨，冀申一割之用，半道病还，留别金陵崔侍御十九韵》。诗里盛赞李光弼军容威武，功绩卓越，对自己不能从军效力感到非常遗憾。他感慨道："天夺壮士心，长吁别吴京"，认为这是老天爷故意不让自己的愿望得以实现。

　　清代赵翼在《瓯北诗话》中提到这首诗时说:"青莲虽有志出世,而功名之念,至老不衰……一闻光弼出师,又欲赴其军自效,何其壮心不已耶?或欲自雪其从璘之累耶?"认为李白想洗雪因附从李璘叛乱而获罪的耻辱,这种分析很有道理。李白在此诗里也提到:"愿雪会稽耻,将期报恩荣。"会稽耻,表面上说的是春秋时越国被吴国打败,遭遇亡国之耻,但李唐没有亡国,安史之乱也没有殃及吴越之地,所以,用会稽耻来比喻自己被流放夜郎的耻辱,显然更合适一些。

　　李白的一生,可谓极度矛盾的一生。他自幼精读道书,十几岁便入山求道,汲汲于出世求仙,另一方面又入世从政,始终不放弃自己的政治理想。

　　这是李白一生当中最后一次政治尝试,这一次他选对了方向,但上天没有给他实现愿望的机会。

　　李白得的什么病,史书没有明确记载,郭沫若推测很可能是慢性脓胸穿孔,这是从唐人皮日休的一首诗中得出的结论。皮日休比李白晚生了一百三十年,他在《七爱诗》中说李白死于"腐胁疾",就是胸部腐烂穿孔。这种病的病因有多种,其中之一就是酒精中毒。李白一生嗜酒,很可能因酗酒而得此病。以当时的医疗条件,这种病几乎没有痊愈的希望。

　　此时的李白,亲人都不在身边,他孑然一身在江南流浪。上天不仅掐灭了他一雪前耻的希望,还抛给他更多前所未遇的苦难。

关于李白的死亡时间，有很多种说法。按北宋曾巩的考证，李白死于宝应元年（762年）。这个说法流传最广，其资料来源主要是李阳冰所作的《草堂集序》，其中有一段话："公又疾亟。草稿万卷，手集未修，枕上授简，俾予为序……时宝应元年十一月乙酉也。"李阳冰是李白的族叔，也是李白晚年最重要的依靠对象，他的话对李白卒年的确定当然意义重大。但这段话只说李白在宝应元年十一月时病得很厉害，并没有说李白当年就病死了。

因为李阳冰语焉不详，加上曾巩的断言，后人多认为李白卒于宝应元年。又根据李华所作《太白墓志》中所说李白享年六十二岁，逆推六十二年，断言李白生于长安元年（701年）。

李华是李白生前的好友，因此他的说法为人采纳。但是学者李从军认为，李华这篇《太白墓志》很可能是伪作。因为文中提到李白墓在青山北址，而青山北址这个墓地是元和十二年（817年）从龙山东麓迁移过来的。迁墓的时候，李华已经去世五十年了，怎么可能再为李白撰写墓志呢？

所以，李白享年六十二岁的说法也是靠不住的。

贞元六年（790年），距离李白去世仅二十多年，池州刺史刘全白写过一篇《唐故翰林学士李君碣记》，其中记载了一件事。如果此事属实，大约可以推算出李白去世的时间。

刘全白说，代宗即位之后，"广拔淹瘁"（就是大量启用埋没不得志的才学之士），李白也被列入擢拔之列。代宗下诏拜他为拾遗，可惜诏书下达之后听说李白已经死了。

代宗即位时间是宝应元年四月，但当时宫廷内部斗争激烈，代宗在内受制于宦官，根基不稳，在外唐军与史朝义军相持不下，浙东还有袁晁起义，应该无暇搞什么"广拔淹瘁"的门面工作。广德元年（763年）春，史朝义自杀，首级传送长安。只有在此之后，代宗才可能有此装饰太平的举动。《新唐书·代宗本纪》有一则记录，说广德二年正月，代宗下诏让大家推举可以当御史、谏官、刺史、县令者。李白被诏为拾遗，很可能就是在这个时候。

如果以上推测正确，那么至少在广德元年安史之乱平息之时，李白还是活着的。因为，以李白的名气，不可能死了一年朝廷还一无所知。当涂距长安两千多里，消息传得再慢，两三个月的时间也足够了。李白很可能卒于广德元年冬季。

李白有一首《游谢氏山亭》，诗中有几句似乎也印证了这个推测："沦老卧江海，再欢天地清。病闲久寂寞，岁物徒芬荣……谢公池塘上，春草飒已生。花枝拂人来，山鸟向我鸣。"从这几句看，此诗正写于李白在当涂养病之时。当涂县城南十五里有青林山，又称青山，山上有亭，人称谢公亭。诗中所谓"再欢天地清"者，应该是指史朝义已死，安史之乱终于平定。从诗中描绘的景象看，应该是在春季，很有可能就是广德元年的春天。

天可怜见，李白终于有幸看到安史之乱的终结！

李白前年秋月从金陵来到当涂李阳冰处，休养一段时间之后身体有了好转，曾渡江到对岸的历阳游玩，与县宰王某饮酒。也许是饮酒加重了病情,他回到当涂之后又病倒了。之后身体时好时坏,直到十一月间,几乎到了濒死的边缘,所以才把手稿托付给李阳冰整理,并请李阳冰为之作序。之后李白很可能又挨了一年才死去。

李白死后初葬于当涂县龙山东麓,后由宣歙观察使范传正将墓迁于城南青山脚下。迁墓的原因,范传正在《唐左拾遗翰林学士李公新墓碑并序》一文中写得很清楚。

范传正的父亲与李白曾有过交往,他在父亲留下的文字中发现,父亲曾与李白在浔阳一同参加过宴会,并赋有诗。他做宣歙观察使后按图索骥,寻得李白的坟墓,重新修整一番,并禁止樵夫在附近打柴。同时,他还积极寻访李白的后人。过了三四年,还真找到李白的两个孙女,二女均已嫁作农妇。范传正将她们请来,发现她们虽然衣着朴素,但是进退娴雅,深明事理。

她们告诉范传正,她们的父亲伯禽于贞元八年(792年)去世。她们还有一个哥哥,但是已经出游十二年了,不知所踪。李白生前虽然名满天下,但是并没有给子孙留下什么家产。伯禽是个平民,死后两个女儿只好嫁给农夫,自食其力。她们一直不愿意告诉别人自己是李白的后人,因为怕自己的贫贱身份辱没祖父的名声。但是禁不住乡间差役反复逼问,才勉强前来与范传正相见。

谈及祖父,她们说李白生前很喜欢青山,曾有遗言死后要葬在青山上,但后来事起仓促,亦无力置办,只好草葬在龙山东麓。坟丘高仅三尺，而且日渐颓坏，可是她们没有能力重修，正不知怎么办才好。

范传正听完很是同情，正巧当涂县令诸葛纵当时也在州里，范传正便与之商量迁葬李白之事。诸葛纵当即返回县里，在青山南麓选了一块新地，将李白的骨殖重新安葬。新坟在原址东六里处，北依谢公山，算是遂了李白生前的心愿。

做完此事，范传正心中犹觉不足，他想把李白的两位孙女改嫁士族子弟，但是两人都不答应，说："夫妇之道，既是天命，也是缘分，又怎能仗着您的威势攀援别的好人家呢？如果我们那样苟且偷安，死后有何面目见祖父于地下呢？这样败坏门风的事，我们不愿意考虑。"

范传正听后很是赞赏，没有再勉强她们，只是下令免除她们的徭役。

李白幼年生活在四川绵阳，但自二十五岁出游之后就再也没有回去过。他大半生萍踪不定，除去安陆和任城两地之外，他盘桓最多的是金陵、浔阳和宣城这几个地方。他对宣城的喜爱尤其明显。这并非因为宣城有什么世间稀罕的风景，而是因为一个人，一个比他早生了两百多年的人——谢朓。

谢朓是南朝诗人，曾任宣城太守，所以人称谢宣城。李白一生豪迈自负，独独对谢朓推崇备至。清代王士禛曾总结李白的一生，说："青莲才笔九州横……一生低首谢宣城。"《李太白全集》中收录李白诗歌九百多首，直接提到谢朓的至少有十五首。看数字似乎不怎么起眼，但分量却很重。

李白夸赞别人诗写得好，经常拿谢朓来做对比。如《酬殷明佐见赠五云裘歌》："我吟谢朓诗上语，朔风飒飒吹飞雨。谢朓已没青山空，后来继之有殷公。"又如《送储邕之武昌》："诺谓楚人重，诗传谢朓清。"其中最为人所熟悉是《宣州谢朓楼饯别校书叔云》，曾被编入中学课本。

也有几篇专门怀念谢朓的诗，以《秋登宣城谢朓北楼》写得最好：

江城如画里，山晓望晴空。两水夹明镜，双桥落彩虹。
人烟寒橘柚，秋色老梧桐。谁念北楼上，临风怀谢公。

这首诗感情真挚，意境苍老峭远，最难得的是对仗工整。李白作诗自由奔放，很多不合音律，对仗也不甚讲究。这一首在李白诗中显得很突兀，不仅对仗工整，且音律谐畅，风格也十分清丽，接近谢朓之体。

这首诗写于天宝十二载（753年），李白当年五十三岁，应从弟李昭之邀，第一次来到宣城。

从这时起，到去世止，李白总共七次游历宣城。从他的诗《赠从弟宣州长史昭》来看，游宣城、登敬亭山一直是他的心愿。他在宣城留下大量诗篇，如《游敬亭寄崔侍御》《赠宣城宇文太守兼呈崔侍御》《谢公宅》《游谢氏山亭》等。这些诗中，大部分都直接提到谢朓，有的虽没有提到——如《独坐敬亭山》，但谢朓的影子早就融入诗人的游览和创作过程中了。

李白在《游敬亭寄崔侍御》里说："我家敬亭下，辄继谢公作。相去数百年，风期宛如昨。"意思是谢朓曾在敬亭山下筑宅，如今我也跟随他在此安家。虽然谢朓已经去世数百年了，但想起他的风采，仿佛就在昨天。

谢朓被杀时轰动一时，很多人都很惋惜，李白死的时候却默默无闻。从当时在世者的诗文中，我们找不到关于李白辞世的任何消息。杜甫一生对李白关心备至，集中存诗共有十一首是专门写给李白的。自天宝五载（746年）在山东与李白作别后，他经常打听李白的消息。上元二年（761年），杜甫定居成都草堂已经一年多，或许是与高适的相会，勾起了他对往日三人同游梁宋时的回忆，他又写下一首怀念李白的诗。这是杜集中最后一次提到李白：

不见李生久，佯狂真可哀。世人皆欲杀，吾意独怜才。
敏捷诗千首，飘零酒一杯。匡山读书处，头白好归来。

杜甫已经很久没有听说李白的消息了。成都北三百里处，便是李白幼年读书时所在的大匡山，李白如今也年近六十了，他会不会某一天重返故乡呢？他返回故乡的时候，也许会路过成都吧？

杜甫不知道，此时的李白尚在金陵一带流浪，生活窘困，却仍然孜孜不倦地想投军报国，一雪前耻。如果杜甫知道这些，也许会劝李白放弃功名之想，专心访道求仙吧。

李华的《故翰林学士李君墓志》中说，李白死前曾赋《临终歌》一首。但是考察李白全集，并无《临终歌》，仅有一首《临路歌》，其词曰：

大鹏飞兮振八裔，中天摧兮力不济。
余风激兮万世，游扶桑兮挂左袂。
后人得之传此，仲尼亡兮谁为出涕？

李白早年曾作《大鹏赋》，以大鹏鸟自比，抒发自己壮志凌云，将要搏击万里的宏伟志向。然而不幸一生蹉跎，始终郁郁不得志，虽曾贵为皇帝近侍，但并不被玄宗重视，仅一年余便被赐金放还。及至安史乱起，一时不慎，身陷囹圄，受尽屈辱，终身不能雪耻。这首诗描述的就是这种悲凉的挫折感。

《临路歌》诗中大意是，大鹏鸟一飞冲天，威震八方，然而刚到中天就再也飞不动了。虽然所余之风激励万世，但衣袖被挂住，不能再东游扶桑。春秋时孔子听说象征圣时和仁者的麒麟死了，曾难过地出涕流泪。如今孔子早不在了，谁会为我的辞世而哭泣流泪呢？

第二十五章　杜甫：束缚酬知己

广德二年（764年）二月，杜甫尚在阆州暂住，考虑何时出峡。这时，一则从京城传来的消息，让他忽然又改变主意，他决心放弃出峡，返回成都草堂。

消息是正月里发出的，内容是：朝廷改任严武为成都尹兼剑南节度使。之前代理剑南节度使的高适，已经在年前被召回长安，朝廷考虑到剑南防御的重要性，派遣严武再镇剑南。

严武于前年秋天被召回京城后，并没有如愿拜相，只是担任兵部侍郎兼御史大夫，封郑国公。广德元年（763年）正月，又转为京兆尹，仍兼御史大夫，后又兼吏部侍郎。吐蕃入侵长安时，严武跟随代宗一起到陕州，因为扈驾有功，代宗返京后拜他为黄门侍郎。黄门侍郎是门下省的副长官，是皇帝近侍，可以出入禁中，身份和地位都较为特殊。此年严武才三十八岁。

大概也是由于严武的推荐，朝廷曾下诏补杜甫为京兆功曹。这是一个正七品下的小官，属于吏部，但官职大小已不再是杜甫考虑的主要因素，他已然对政治失去兴趣。他决计不赴

召,仍然谋划东游吴楚。他写了一首小诗述说自己的想法:

巴蜀愁谁语,吴门兴杳然。九江春草外,三峡暮帆前。厌就成都卜,休为吏部眠。蓬莱如可到,衰白问群仙。

这首《游子》大意写巴蜀地区已经没有可以说话的好朋友了,他厌倦了成都的生活,决定到江南去,到吴地去。最后两句写要去蓬莱访问群仙,看似悠游之心,实则颇为焦虑。巴蜀之地不可居,想要到吴地,必须途经三峡、九江,路程数千里,风波难测,难免令人忧虑。

就在这时,严武再镇剑南的消息传到阆州,杜甫喜出望外,当即取消东游的计划,立即重返成都草堂。其时正值暮春,成都郊外春光烂漫,杜甫非常高兴,写下不少描绘春景的佳句:"迟日江山丽,春风花草香。泥融飞燕子,沙暖睡鸳鸯""两个黄鹂鸣翠柳,一行白鹭上青天。窗含西岭千秋雪,门泊东吴万里船"。

他还写诗给严武,感叹道:"殊方又喜故人来,重镇还须济世才……身老时危思会面,一生襟抱向谁开。"欢喜之情,溢于言表。

严武也不负期望,派人前来草堂询问杜甫生活所需,并邀请杜甫入幕为官。杜甫这次没有拒绝,答应入幕。严武表奏他为节度参谋、检校尚书工部员外郎。工部属尚书省,员外郎品阶为从六品上,这可说已经脱离基层官员的行列,进入中层官僚阶层了。"检校"二字，指并非正式官衔，而只是个虚职。这是唐代地方军政长官向朝廷上表推荐或请求授予的一种特殊官衔，与散官、勋官、爵号一样，都是一种虚衔，主要用来区别俸禄待遇，并不承担具体的工作职责。

虽然是个虚职，但毕竟是唐人所称羡的"郎官"，所以杜甫还是很满意的。他在诗里曾多次提到自己的郎官身份，很有些骄矜的意思。这是杜甫一生做过的最大的官，后人称杜甫的时候，也常称"杜工部"。

除推荐做官之外，严武还特别为杜甫上奏皇帝，请皇帝为他赐绯鱼袋，就是赐给他绯色袍子和银鱼袋。鱼袋是唐代官员用来装鱼符的。鱼符是一个铜制的鱼形符契，分左右两半。左半边留在京城，右半边由官员带到地方。如有新官上任，则把左半边带上，到地方和前任官员所带的合在一起，确认真实无误，则交割工作。高宗以后，朝廷制定了鱼袋的官方样式。规定三品以上官员穿紫袍，配金鱼袋；四、五品官员穿绯服，配银鱼袋；六、七品官员穿绿袍，八、九品官员穿青袍，皆无鱼袋。但有时皇帝为了显示特别的恩宠，会特意赐给某些品秩不到三品的官员紫袍和金鱼袋，或者赐给不足五品的官员绯袍和银鱼袋。杜甫官阶不足五品，但是能穿绯袍、配银鱼袋，已经可以视同五品了，这自然也是很荣耀的事。

然而幕府的生活并不很愉快。入秋之后，杜甫写过好几首诗抒发自己的苦闷。其中《宿府》一首写得较好：

清秋幕府井梧寒,独宿江城蜡炬残。
永夜角声悲自语,中天月色好谁看?
风尘荏苒音书绝,关塞萧条行路难。
已忍伶俜十年事,强移栖息一枝安。

这首诗描绘一个清秋的夜晚,杜甫独自住宿在江边城里的幕府中。蜡烛燃烧已残,井边梧桐阴森,暗夜里画角声格外悲凉。天空月色姣好,可是无人同看。战火连绵不断,家乡音信断绝,关塞萧条,想要回家也十分困难。自安史乱起,已忍受了十年的痛苦,如今只能勉强当个幕僚,像鸟儿一样暂时栖息在一根树枝上。

在另一首《遣闷奉呈严公二十韵》中,杜甫明确说自己"束缚酬知己……未敢息微躬"。意思是说在幕府中很是拘束,任何细微屑小的礼节都要谨慎遵守。这也不能怪严武简慢,公门毕竟不是私室,有很多同辈在侧,上下尊卑的秩序要有,同僚之间的关系也要谨慎对待。

杜甫年纪大了,与严武关系又密切,很容易引起其他同僚的猜忌与嫉妒。他写过一首《莫相疑行》,发泄自己憋了一肚子的恶气。他先是回忆自己当年长安献赋后,在集贤院试写文章,众学士观者如堵的辉煌经历,然后劝告幕府年轻的同僚们不要"当面输心背面笑",因为自己从来都是"不争好恶"的,让他们不必嫉妒和怀疑。

除了年轻同僚的猜忌,杜甫与严武的关系似乎也并非毫无嫌隙。《旧唐书·杜甫传》有这么一段记载：杜甫性情褊躁，没有器度，恃恩放恣。曾经凭醉登严武之榻，瞪视严武道："严挺之乃有此儿！"严武性格虽然急暴，却不以为忤。杜甫经常与田畯野老一起玩乐，对自己的行为不怎么拘检。严武来草堂看他，他有时连帽子都不戴，很不礼貌。

在欧阳修编撰的《新唐书》里，杜甫与严武的关系更为恶劣，增加了严武要杀杜甫的情节：杜甫登榻瞪视严武，严武表面看起来不生气，内心却很嫌恶他。有一次，严武准备把杜甫和梓州刺史章彝一起杀掉，府中官吏都已齐集等候，严武的头冠却被帘子勾住。解开欲走，又被勾住，如是三次。左右人趁机跑去告诉严武的母亲，严母赶来相救，杜甫才免于一死，严武独杀了章彝。

这个冠勾于帘的故事太过戏剧化，听起来很不可信，很可能是欧阳修相信了小说《云溪友议·严黄门》的记载。

《云溪友议》是一本唐人写的笔记小说，主要记载开元以后的异闻野史，语多荒谬，不足为信。其记载严武与杜甫的故事说：杜甫乘醉而言曰："不谓严挺之有此儿也！"严武怒视杜甫良久，说："杜审言的孙子，你要捋虎须吗？"在座宾客都大笑，劝说二人不要生气。严武说："我与大家不过是饮酒取乐，何至于要提及祖父先辈呢！"严武的母亲恐怕严武杀害杜甫，遂以小舟送杜甫下峡。作者赞扬严武的母亲可谓贤良，而悲叹杜甫几乎不免于虎口。

在成书更早的《唐国史补》中也记载过杜甫登严武几案，

但严武终爱其才,并未加害。

可见,《新唐书》记载严武欲加害杜甫一事多半不可信,但杜甫醉登严武坐榻则很可能确有其事。南宋的洪迈在《容斋续笔》中论及此事,认为杜甫集中写给严武的诗将近三十篇,每每饱含深情,"若果有欲杀之怨,必不应眷眷如此"。明末的王嗣奭在读杜甫《九日奉寄严大夫》及严武《巴岭答杜二见忆》两首诗之后也评论道:"读此二诗,见二公交情之厚,形骸不隔,故知欲杀之诬也。"

虽然没有要杀死杜甫的仇怨,但严武脾气急暴却是实情。《旧唐书·严武传》记载,严武性本狂荡,行事多直出胸臆,即便慈母之言也不顾忌。章彝因为小小过错被严武杖杀。严武在蜀多年,恣行猛政。蜀中虽然物产丰饶,但严武穷极奢靡、赏赐无度。花费既多,征敛亦繁,百姓深受其害,财货为之枯竭。

但严武统兵打仗是个好手,刚到成都,便积极备战,准备收复西山失地。广德二年(764年)九月至十月,严武大破吐蕃,连拔两城。吐蕃由是忌惮严武,再不敢轻易犯境。

在如此任性、骄奢、急暴的府主手下工作,杜甫的拘束是很容易想象的。他在府中工作了大半年,于秋冬之际告假回到草堂。新年伊始,从长安来的使者带来一个噩耗,时任刑部侍郎的高适在正月间病逝了,时年六十二岁。

杜甫悲痛不已,当即写诗悼念。还没等他平复心绪,四月份,严武又病逝了,年仅四十岁。

这一年是代宗永泰元年（765年），在短短几个月内，杜甫接连失去两位好友，而且是对他帮助最大的两位朋友。在他十年的颠沛流离中，正是高适和严武的慷慨相助，使得他能够在西南的偏僻角落里，过上几年难得的安稳日子。杜甫的生活全仰仗严武照顾，如今严武一死，杜甫自然就失去依靠。他只好收拾行囊，于当年初夏季节再次踏上东去的旅程，彻底告别了成都，这个曾带给他短暂安宁与快乐的地方。

第二十六章　岑参：孤舟巴山雨

粉署荣新命

杜甫离开成都不久，他的好友岑参被朝廷派往蜀地任职，出任嘉州刺史。嘉州就是今天的四川乐山，在岷江下游，成都南约三百里处。杜甫离开成都时，曾路过那里。

史朝义败死之后，雍王李适功拜尚书令，岑参也随之入朝，在御史台任职，秋季改任祠部员外郎。之后两年，又先后任考功员外郎、虞部郎中、屯田郎中和库部郎中等职。

唐朝官员任期一般是三至四年，期满考核后按序迁转。岑参在不到三年的时间，先后换五六个职位，听起来有点不可思议。不过细看这几个职务的名称，其实都属于尚书省。尚书省一共六部，每部各有四司，加上分别统管这二十四司的左司和右司，一共是二十六个司。每司的长官称为郎中，副长官称为员外郎。

郎中和员外郎的名额加起来，大概有六十多人，通称郎官或尚书郎。其中，郎中的品秩是从五品上，员外郎的品秩是从六品上，虽然不算太高，但在唐代很负清望，是很多人梦寐以求的官位。唐代对郎官的任命一向很慎重,都是由皇帝亲自授官,而不是由吏部铨选。虽然皇帝亲授大多是走个形式,但还是能显示出重要性。

例如开元初年,李林甫当了正五品的太子中允,但是他却不甚满意,想做从五品的司门郎中。他求助自己的姨夫,时任宰相的源乾曜,不料源乾曜却说:"郎官须由平素品德纯洁、才望高者担当,哥奴(李林甫的小名)岂是当郎官的人?"

与之相类的是,五十年后刘禹锡曾由和州刺史转为主客郎中。由刺史入为郎中,品秩其实降低了,但是他很感激地给宰相裴度写信,说自己的亲朋都来道贺。他还写了一首《再游玄都观》记述其事,在诗前小序中,他叙述自己先为郎官后被外贬,终于又回到长安之经历。诗末两句说"种桃道士归何处,前度刘郎今又来",显然是十分得意的。

可见,在唐代能做郎官是一件值得庆贺和夸耀的事。岑参初任郎官是祠部员外郎,职责是辅助祠部司长官掌管礼乐,开元以后又多了掌贡举的职责,所以地位在诸司中显得比较重要,排位也比较靠前。

同杜甫一样,岑参对担任尚书郎感到满意,他担任祠部员外郎不久,便给刑部的一位朋友写诗,其中有两句说道:"粉署荣新命,霜台忆旧僚。"粉署,就是尚书省。因为尚书省的墙壁用胡粉涂刷,所以唐人习惯称尚书省为粉署。"荣新命",意思是说对担任员外郎感到荣幸。霜台,指御史台。

另一首《秋夕读书幽兴献兵部李侍郎》写于同一时期，头两句是："年纪蹉跎四十强，自怜头白始为郎。"虽然悲叹年华易逝，但对能担任郎官的欣慰之情还是显而易见的。

岑参这一年其实已经四十九岁，他终于摆脱之前的郁闷处境，过上令人称羡的郎官生活。从广德元年（763年）正月入京，到永泰元年（765年）十一月出为嘉州刺史，近三年的时间里他似乎一直很忙，诗作不多，总共才留下二十二首，且全是应酬之作，没什么特别值得称道的作品。大概真的是工作太顺心，无心去搞文艺创作了。

永泰元年十月，朝廷外放岑参为嘉州刺史。他于十一月启程，沿骆谷道入蜀。消息传到四川，已经是第二年年初了，此时杜甫尚滞留在云安（今重庆市云阳县）。杜甫于上年夏天离开成都，一路走走停停，于重阳节前后到达夔州的云安县。在这里，他不幸染病，沉疴数月，仍不见好。直到春天来临，他仍停居在云安江边的小船上。

杜甫听说岑参的消息后，便写诗给岑参，言语中有些抱怨：十余年没见岑参，岑参居然都没有给自己寄封书信。他很想再会会老朋友，但岑参要牧守嘉州，自己则要东出三峡，恐怕是难有机会再见了。

岑参有没有收到杜甫的诗呢？从后来发生的情况推测，岑参多半是没收到。因为自杜甫离开后，蜀中就又陷入战乱，交通阻塞，岑参仅走到梁州（今陕西汉中）就停下了。

兵戈犹拥蜀

可以说，是严武的突然死亡，造成蜀中重新陷入战乱的局面。严武死后，新任剑南节度使是郭英乂。郭英乂是开元初年陇右名将郭知运的儿子，曾任陕西节度使、潼关防御使等职。安史之乱平定后任东都留守，纵容士卒和朔方、回纥军大掠洛阳，甚至祸及郑州、汝州等地，百姓深受其害。另外，他还在长安大造宅邸，过着骄奢淫逸的生活。他的弟弟郭英干在剑南任都知兵马使，严武死后，郭英干就和都虞侯郭嘉琳共请哥哥郭英乂出任剑南节度使。

与此同时，剑南西山都知兵马使崔旰却率部下，共请大将王崇俊为节度使。崔旰的奏表送到朝廷，宰相元载因为和郭英乂交情较好，没有答应崔旰的请求。

郭英乂顺利接任剑南节度使，却对崔旰等人怀恨在心。他刚到成都，就诬陷王崇俊有罪，将他杀掉，然后召崔旰返回成都。崔旰借口防御吐蕃，不肯返回。郭英乂大怒，断绝西山军的粮饷。崔旰率众转移到深山里，郭英乂领兵来攻，却被崔旰打得大败，狼狈逃回成都。

事情并没有完。郭英乂平时残暴骄奢，不恤士卒，手下士卒心怀离怨。相反，崔旰在蜀地很得人心。崔旰看到郭英乂不得人心，便趁势编造郭英乂要谋反，自西山率军袭击成都。郭英乂出军迎战，不料军众纷纷叛变，倒戈反攻，郭英乂单骑逃跑，被普州刺史韩澄捉杀，首级送给崔旰。

并不是所有人都支持崔旰。邛州衙将柏贞节、泸州衙将杨子琳、剑州衙将李昌巙各举兵攻击崔旰，于是蜀中再次大乱，连带着山南西道的空气也紧张起来。

岑参就是在这个节骨眼上来到了梁州。梁州向南，距离剑门关仅五百里，是关中的西南门户，战略位置十分重要。蜀乱未平，岑参显然无法继续往前走了，只好滞留梁州观望时局。这一等就是几个月，其间他短暂地返回过长安。

大历元年（766年）二月，代宗命宰相杜鸿渐兼任山南、剑南副元帅及剑南西川节度使，前往蜀地平乱。杜鸿渐表奏岑参为职方郎中兼侍御史，列位幕府，随军一同入蜀。职方郎中属尚书省兵部，主要掌管天下地图、城隍、镇戍、堡寨、烽候及沿边少数民族归附等事。就这样，岑参在安史之乱平定之后，又一次过上了从军的生活。

杜鸿渐从长安出发，到梁州后又滞留了两个月。朝廷下诏让梁州刺史张献诚兼任剑南东川节度观察使。张献诚率军先入蜀，与崔旰大战于梓州，居然全军覆没，只身逃回，连朝廷授予的旌节都被崔旰夺走了。

杜鸿渐本来就是个草包。六年前，襄州大将康楚元叛变，叛军南袭荆州，杜鸿渐闻风先逃，导致周围数州军民骇然混乱，各自奔逃。就是这么一个胆小怯懦的人，眼见崔旰雄武善战，自忖不能取胜，踌躇无策。

正在这时，崔旰遣使附书来，言辞卑逊，并献上数万锦缎。杜鸿渐贪财忘义，竟然不再问罪，而是上书朝廷，数落郭英乂的诸般罪过。到成都后，杜鸿渐把政事全交给崔旰，自己整天与幕僚们饮酒欢乐，又请求朝廷授予崔旰成都尹、西山防御使、西川节度行军司马等职。

大历二年四月杜鸿渐还朝，崔旰终于继任剑南西川节度使。

杜鸿渐还朝之后，岑参的军旅生活也结束了，他转道南行，来到嘉州，终于实现了嘉州刺史的任命。

楚客心欲绝

从梁州到成都，沿途秀丽的风景再次激发了岑参的创作热情。虽然蜀中局势未稳，但岑参的心情似乎未受影响。在一年多的时间里，他留下了四十多首诗歌，其中大半仍然是应酬之作，但描绘山水的风景诗明显多了。他在成都杜鸿渐幕府待了一年，迎来送往，临幽怀古，所作诗歌虽偶有佳句，但都不如当年在西域所作奇丽壮美。

直到来到嘉州，他的诗作风格才突然一变，变得沉哀悲凉起来。他在嘉州的一年多，留下了二十多首诗歌，除一首赠别和两首挽歌之外，其余大多是感旧思乡之作。也许是因为嘉州地势偏僻，朋友太少，也许是因为年事已高，身体衰老，他几乎无时无刻不盼着返回长安。剑南的秀丽山水，在他眼里忽然变得黯然失色。

有时在郡斋中凭眺，山光豁然，江月皎洁，如此佳境却让他更想家："魂梦知忆处，无夜不京华。"

有时在峨眉山下听到猿猴啼叫，也会让他想起少年时在嵩山隐居的旧庐："久别二室间，图他五斗米。哀猿不可听，北客欲流涕。"

在一两首诗作中，他甚至流露出离尘出世的念头。在《东归发犍为至泥溪舟中作》中，他回忆自己曾先后在中书省和尚书省任职的经历，感叹那时候离皇帝如此之近，如今却被抛弃在偏僻之地。如何才能让自己心胸舒畅一些呢？答案是："吾当海上去，且学乘桴翁。"意思是要避世隐居，漫游江海。他的这种想法，多年前在虢州不得意的时候曾出现过，没想到嘉州的凄凉环境竟让他再一次厌倦了尘世。

唐代刺史任期一般以三年为限，大历三年（768年）七月，岑参任期将满，终于可以罢官北归了。他没有沿剑阁北上——那里是去长安的近路，而是乘船东下，沿江出峡，准备回河南老家。

不幸的是，他刚走到戎州（治所在今四川宜宾市），又遇到阻碍，走不动了。原因是戎州下游不远的泸州发生了杨子琳之乱。杨子琳原是泸州衙将，崔旰叛乱时他曾举兵讨伐，后来经杜鸿渐调解罢兵，朝廷授予他泸州刺史。但他对崔旰一直心怀不满。数月前，崔旰入朝奏事，杨子琳发兵突袭成都，却被留守的部众打败。退回泸州后遂招聚亡命之徒，沿江东下，声言要入朝，不久即占据夔州城。一时之间，从泸州到夔州的长江沿线交通阻塞，商旅断绝。

岑参被迫滞留戎州，愤怒地写下《阻戎泸间群盗》一诗，控诉群盗肆虐，造成民不聊生、尸积遍野的惨状。这种现实主义的关怀，在岑参集中是难得一见的。这是他最后一次在诗中对现实发表议论。这一年他虽然只有五十四岁，但是身体已经老衰朽弱。他的心也厌倦了政治，厌倦了无休无止的战乱与纷争，一心一意想重返北方故园。

岑参在戎州滞留了很久，但是杨子琳一直盘踞在夔州。当时统领夔州的荆南节度使卫伯玉为了充实自己的实力，决心引杨子琳为后援，不但不追究他的罪责，反而向朝廷上表，请求把夔州让给杨子琳。岑参没有办法，只好掉转船头，沿岷江回到成都，打算改由成都北返。

岁暮天寒之际，岷江之上又下起雨来，凄风冷雨中，岑参更加思念万里之外的家乡。他再一次回忆起年轻时隐居过的终南山旧居，悲叹自己形容已老，却仍然拘束在尘网之中：

杉冷晓猿悲，楚客心欲绝。孤舟巴山雨，万里阳台月。
水宿已淹时，芦花白如雪。颜容老难赪，把镜悲鬓发。
早年好金丹，方士传口诀。敝庐终南下，久与真侣别。
道书谁更开，药灶烟遂灭。顷来压尘网，安得有仙骨。
岩壑归去来，公卿是何物？

这首《下外江舟怀终南旧居》写得分外感人，特别是前四句直抒胸怀，毫不修饰自己对故乡炽烈的思念之情，读来令人怆然生悲，几欲下泪。后几句依次写旅程延滞，时光易逝，自己早年有修仙隐逸之志，也曾得到高人口传修仙秘诀，可是后来却沦落尘网，离开了终南居所，不仅背弃了少年之志，更辜负了秀美的林泉风光。

这首诗显示，岑参对多年的仕宦生涯感到非常疲倦和矛盾。最后一句自问尤其明显：既然隐居终南的生活那么令人怀念，我这几十年汲汲求仕到底是为了什么呢？

次年春天，他在成都的旅舍里写下另一首诗——《西蜀旅舍春叹，寄朝中故人呈狄评事》。其中有几句自述，似乎回答了自己之前的提问：

> 春与人相乖，柳青头转白。生平未得意，览镜私自惜。
> 四海犹未安，一身无所适。自从兵戈动，遂觉天地窄。
> 功业悲后时，光阴叹虚掷。却为文章累，幸有开济策。

在这几句诗中，岑参难得地把自安史之乱以来的个人经历进行了一次总结。自从叛乱爆发，他就一直觉得无处施展自己的才能和抱负。眼见得比自己年轻的人都纷纷建立功业，自己作为文人，却不能上阵杀敌，只能虚掷光阴，无甚作为。但他并没有完全否定自己，而是说自己"幸有开济策"：幸亏还有一些辅国济民之策，不至于落得一事无成。

诗题中提到的狄评事，是他在成都刚认识的朋友。他安慰狄评事说，虽然我们都宦游在外，但是正如孔子不能安席闲居一样，我们是为了天下百姓的福祉在奔波。相信我们很快就会回到朝廷了吧？"吾先税归鞅，旧国如咫尺"：我任期已满，先准备好了归乡的马车，故乡虽远，但在我心里近在咫尺。

也许是因为染了病，直到本年秋天，岑参仍然滞留在成都的客舍之中。秋风再起之时，江上依然鸣蝉满耳，朝廷没有给他新的任命书。他有点失望，不过并没有太纠结，而是觉得天下尚未太平，与那些未得安宁的百姓相比，自己的个人得失实在不值一提。他心里最挂念的，是何时能再回到中原。他算了算，从永泰元年秋被任命为嘉州刺史以来，这已经是在异乡度过的第五个秋天了。他希望这是在蜀地度过的最后一个秋天。

归乡的念头如此强烈，短小的诗文已经不足以表达他的情感。他挥笔写下一千两百多字的《招北客文》，用大量的铺陈排比，咏叹蜀地四周的奇丽风景和艰险地形，每段都以同样的句子结尾，一咏三叹："北客归去来兮！"

遗憾的是，北客终于未能归来。这不仅是岑参在成都度过的最后一个秋天，也是他在人间度过的最后一个秋天。大历四年（769年）年末，岑参病逝于成都。

岑参死后三十年，他的儿子岑佐公搜集他的散逸诗文，编成八卷《岑嘉州诗集》，请杜确为序，流传至今。然而遗憾的是，岑参之墓现已不存。四川已经没有他的遗迹留存。

他的曾祖岑文本陪葬太宗昭陵，按律子孙可以陪葬。昭陵在今天的陕西省礼泉县，岑参很可能归葬于此。可惜世事苍茫，早已无处寻觅了。

第二十七章　杜甫：魂梦归不得

岑参去世的时候，杜甫并不知情，当时他正漂泊在一条船上。

在云安给岑参寄过诗之后，杜甫就移居到夔州了。夔州在云安的下游不远处，乘舟而下不过两日行程。夔州刺史王崟热情地招待杜甫，把他安排到客堂居住，并派仆人照顾他。不久王崟迁官，夔州换了柏茂林为刺史。柏茂林待杜甫也很优厚，把自己的俸禄频频分赠给他，并邀请杜甫入幕，参加上层社交活动。杜甫经过思考，决定暂不出峡，定居夔州。他先买了一片稻田，又购置了一片果园，租了一座草堂。除了农田和果园的收入之外，因为他的郎官身份，朝廷还定期给他发放俸禄。

所以，在夔州的一年多时间，是杜甫晚年难得的安居时光。短短一年零九个月的时间里，杜甫再次爆发出惊人的创作力，写下四百多首诗歌！几乎是一天写一篇。其中不乏《昔游》《八哀诗》《秋兴八首》这样的名篇。

夔州城是一座山城，位于长江三峡的瞿塘峡畔。这里山川雄壮奇崛，农民生活困苦，风俗浇薄，这都给了他写作灵感。除描写山川景色和人民生活之外，杜甫还经常回忆自己的前半生，追忆自己的老朋友。其中最有名的是一组悼亡诗《八哀诗》，分别悼念了八个人。

这八个人中，严武、李琎、李邕、苏源明、郑虔与杜甫有过直接交往，王思礼、李光弼、张九龄与杜甫并无可考的过往。但这八个人都是当时的优秀人物，而且各具代表性。王思礼、李光弼和严武都是良将，在平叛和抵御外侮方面战功显赫。李琎和李邕都是名士，一个被称为皇室中最贤德的人，另一个品格刚直、嫉恶如仇。苏源明和郑虔都是孤贫笃学之士，在陷贼期间拒绝接受伪职，保持操守。张九龄是开元时的贤相，为开元盛世做出过重要贡献。很可惜的是，这八个人的人生大都是有才能却不得施展，或有抱负却未能实现。

安史之乱后，李光弼忌惮鱼朝恩、程元振对其加害，不敢入朝，所统诸将对他也逐渐怠慢起来，不肯听从他的命令。李光弼因而愧耻成疾，忧郁而死，终年五十九岁。

李光弼死于徐州，杜甫虽远在四川，但也能理解李光弼的忧惧。他在《八哀诗·故司徒李公光弼》中写道："青蝇纷营营，风雨秋一叶。内省未入朝，死泪终映睫。""青蝇"说的就是鱼朝恩、程元振等人。"风雨秋一叶"，形容李光弼当时岌岌可危的处境。可见，当时宦官专权、谗害忠良的黑暗形势是天下人所共知的。

然而，夔州距离京城十分遥远，杜甫对朝廷内部的混乱政治并没有过多关注。他更关心的是吐蕃的连年入寇和自己出峡北归的事情,尤以自己出峡之事更为迫切。

杜甫自乾元二年(759年)岁末入蜀,至今已经快十年了。夔州生活虽然暂得安稳,但中原仍然是他魂牵梦绕的故乡。依附地方官员总是要仰人鼻息,何况地方官员任期有限,靠谁都不是长久之计。

大历三年(768年)正月,新年刚过,杜甫忽然收到弟弟杜观的来信。杜观说自己在荆州西北的当阳县找到住处,邀请杜甫携家前往。杜甫于是决定正月中旬出峡,前往荆州。他打点行装,把去年收获的粮食搬上船,将购置的果园送给友人,带上家人乘船东下。也幸好他及时离开了,数月之后,杨子琳的乱军就来到了夔州。

杜甫先到荆州,他的从弟杜位正好在卫伯玉幕中任行军司马。杜甫在此周旋了数月,但一直没有可靠的安身之所。暮秋时节,杜甫携家来到荆州南边九十里外的公安县,在此地盘桓了一段时间后,于年末向南来到岳阳。

在岳阳,杜甫登楼赋诗,心情凄然:

昔闻洞庭水,今上岳阳楼。吴楚东南坼,乾坤日夜浮。亲朋无一字,老病有孤舟。戎马关山北,凭轩涕泗流。

这是杜甫的名篇,亦是古今吟诵岳阳楼的名篇,北宋时就已经挂在岳阳楼上供人瞻览了。诗中"吴楚东南坼,乾坤日夜浮"两句，气象雄壮宏阔，涵蓄深远，大约只有孟浩然在《望洞庭湖赠张丞相》里的"气蒸云梦泽，波撼岳阳城"可与其比肩。紧随其后的"亲朋无一字，老病有孤舟"，又极凄凉落寞。宏阔之景紧接落寞之情，似乎不很相称，但对于一个飘零了大半生的老人来说，又何其自然。清人浦起龙说，景象不宏阔，不能映衬诗人之孤苦；而诗人之孤苦，反过来又映衬得景象更加辽阔空旷。

然而，杜甫此诗最可贵之处，也是一般人最难模拟之处，体现在结尾两句上。这两句让历来对诗的高下不肯轻易置评的人，也认为杜诗比孟诗更好。孟诗后四句，"欲济无舟楫，端居耻圣明。坐观垂钓者，徒有羡鱼情"，只是感怀身世，而杜诗则表现出对家国兴衰的无穷忧思，其境界要比孟诗高很多。

杜诗这种胸襟怀抱，并非一时之悲慨，而是他诗作中一贯的自然流露。且不说他的"三吏""三别"如何反映民生疾苦，即便是日常居家，每当他穷苦难挨，忍不住要悲叹自怜时，也总能想到那些比他更加困苦的普通人。

在华州时，天热难熬，他写《夏夜叹》："永日不可暮，炎蒸毒我肠。安得万里风，飘飘吹我裳。"表达完对凉风的渴望，很快就想到远方战场上的士兵："念彼荷戈士，穷年守边疆。何由一洗濯，执热互相望。"士兵们终年戍守边疆，炎热的时候，连冲个澡的条件都没有，岂不是更艰苦？

在成都时，秋风吹坏他的茅屋，他在叹息之余，不是想着如何能过上安稳日子，而是想起那些和他同样受苦的"寒士":"安得广厦千万间,大庇天下寒士俱欢颜……吾庐独破受冻死亦足!"

此刻,他流落在洞庭湖畔,极目四望,天地辽阔,江海茫茫,而他却无立锥之地!乾坤日夜流转不息,自己的人生也已然迟暮,孤舟漂泊数载,亲朋隔绝千里。而他最忧心的,还是国家战乱不息!

这正是杜诗的本色,也是千百年来杜诗最为人喜爱的地方。三百多年后,当范仲淹写《岳阳楼记》时,用两句话高度概括了杜甫《登岳阳楼》的精神内涵:"处江湖之远则忧其君""先天下之忧而忧,后天下之乐而乐"。

大历四年(769年)一开春,杜甫离开岳阳,继续南行,往衡州(今湖南衡阳)而去。

杜甫之前在诗中一再提到北归,此时不仅没有向北,反而更向南行,令人十分费解。什么原因,他自己也没有明说。只是在离开岳阳时所写的《南征》这首诗中提了几句:"老病南征日,君恩北望心。百年歌自苦,未见有知音。"看来他选择往南方去是迫不得已,他的心还是向着北方的。可惜北方没有知音可以依靠,他只得向南而行。

南方有谁呢?倒是有一位故人,衡州刺史韦之晋。韦之晋与杜甫年龄相仿,二人幼年时就已相识,去年杜甫在荆州时两人还见过面。据闻一多先生推测,杜甫此行往南,就是要投奔这位好友韦之晋。

岳阳到衡州水路约八百里,中间经过潭州(今湖南长沙）。当他乘船到达衡州的时候，韦之晋已经调任潭州任刺史了。杜甫只好又回棹潭州，在潭州与韦之晋相见。谁知天意难测，两三个月之后，韦之晋突然病故，杜甫的生活再次出现重大危机。他从夔州带来储存在船上的稻米已经吃完了，但是又不知道往哪里去，只好滞留潭州。

不料更糟糕的事情发生了。大约半年之后，新任潭州刺史崔瓘被兵马使臧玠杀害，潭州又大乱。

崔瓘是一位很有德行的官员，《旧唐书》有传，说他为政简肃、恭守礼法。但是没想到，却因此惹来杀身之祸。安史之乱以来，时局动荡，潭州的将吏多不守法，已经习惯了，崔瓘恭守礼法，就惹得他们很不满意。大历五年（770年）四月，臧玠与判官达奚觊因为粮食分配的问题产生纷争。当夜，臧玠以杀达奚觊为名，领兵攻入州城。崔瓘没来得及逃走，被臧玠的士兵捉住杀掉。

当夜城中一片混乱，杀声震地、火光冲天。杜甫自至德二载（757年）逃出长安以来，已经十多年没经历过这么危急的情况了。他带着妻子儿女仓皇奔逃，一路躲着飞箭，脚上磨出水泡，扎了棘刺也顾不上管，狼狈地逃到自己的小船上。自入湖南以来，杜甫一家大半时间都是在船上起居生活，幸而有这条船，使得他们能及时离开潭州。

世道混乱至此，杜甫十分愤懑，写长诗哀悼崔瓘之余，又写《蚕谷行》控诉："天下郡国向万城，无有一城无甲兵。"他幻想着什么时候能天下太平，把天下兵器都熔铸成农具，让每寸荒地都得到耕种呢?

这一年的杜甫五十九岁了,他知道自己已经不可能实现年轻时"致君尧舜上,再使风俗淳"的理想。他此刻唯一有可能做到的,就是逃命,带着一家老小逃命,找一个安稳的地方,了此残生。

潭州不可留,一家老小只得继续漂泊。到哪里去呢?

这时他有个叫崔伟的舅舅在郴州任刺史,听说杜甫困于生计,便召杜甫前来郴州生活。杜甫于是溯耒水而上,拟到郴州。船行至耒阳,暴雨突至,江水大涨,不便前行。杜甫在耒阳滞留数日,因为没有食物,差点饿死。幸好后来耒阳县令听说杜甫在此,亲自乘船送来牛肉白酒,杜甫一家才不至饿死。

耒阳地近广东,天气湿热,加上杜甫本身有消渴症——糖尿病,总觉得口渴难耐。他十分不喜欢这里的气候,想想郴州地理位置更靠南,他决计不去郴州了,而是回棹向北。

在《回棹》这首诗里,杜甫描绘了湖南气候炎热、风俗浇薄的景象。相比之下,杜甫认为湖北的襄阳比较清凉,顺水回舟也比较省力。他说,襄阳是我的祖籍啊,我的祖先——东晋当阳侯杜预——当年在那里立过的纪绩碑,至今还屹立着呢。不如就回襄阳隐居吧!

于是,杜甫向北回到潭州。在潭州暂住一段,于秋日再次启程,准备去往汉阳。

出发时,他充满向往地写道:"鹿门自此往,永息汉阴机。"鹿门山是襄阳城外的一座名山,汉末名士庞德公曾在此隐居,比杜甫年长二十多岁的大诗人孟浩然也在此隐居多年。杜甫希望自己能像《庄子》里所说的汉阴丈人一样,忘了俗世与机心,终老于鹿门山。

如果事情真如他所设想,也不失为一个圆满的结局。不幸的是,船还没到岳阳,他已经病得不能再前行了。他自知时日无多,给在湖南的亲友写了一首长诗——《风疾舟中,伏枕书怀三十六韵,奉呈湖南亲友》。诗里先叙述自己生病滞留道途的痛苦,然后回忆自己大半生的坎坷经历,又感谢诸位亲友对自己的知遇之恩。

诗的最后,他最忧虑的,还是国家的治乱与安危:

公孙仍恃险,侯景未生擒。书信中原阔,干戈北斗深。
畏人千里井,问俗九州箴。战血流依旧,军声动至今。
葛洪尸定解,许靖力还任。家事丹砂诀,无成涕作霖。

这几句大意是:汉末的公孙述曾据蜀自立,南朝的侯景也曾反叛称帝,如今四川的崔旰、潭州的臧玠等和他们一样,都犯上作乱,尚未伏法。洛阳久无来信,长安依然处在吐蕃的威胁之下。放眼九州之内,率土千里,处处形势都令人十分忧虑。战争的号角还在继续吹,人民的鲜血还在持续流。我肯定要像葛洪一样死去了,可惜我不能像葛洪那样,有炼砂成金的诀窍,可以把自己的后事安排好。一想起这些,我就忍不住泪如雨下。我只好把家事托付给各位亲友，相信你们能像三国时的许靖那样，照顾好我的家人。

这是杜甫留在人间的最后一首诗。大历五年（770年）的冬天，半生颠沛流离的杜甫终于走完了他的苦难人生，怀着忧国忧民的莫大悲痛，客死于离家万里的湘水之上。撇在身后的，是与他患难与共的老妻杨氏、两个谋生乏术的儿子和一个尚在吃奶的幼女。

杜甫死后葬于岳阳，他的儿子宗武一直想把他归葬洛阳祖坟，可惜没来得及完成这个愿望就病逝了。宗武死前把这个心愿托付给儿子嗣业，嗣业家贫无力，只能四处乞请，终于在杜甫死去四十年后，迁葬祖父于洛阳偃师县首阳山下。

参考书目

后晋·刘昫等撰：《旧唐书》，中华书局，1975年。

唐·岑参著，陈铁民、侯忠义校注：《岑参集校注》，上海古籍出版社，1981年。

唐·杜甫著，清·仇兆鳌注：《杜诗详注》，中华书局，1979年。

唐·杜甫著，清·杨伦笺注：《杜诗镜铨》，上海古籍出版社，1981年。

唐·封演撰，赵贞信校注：《封氏闻见记校注》，中华书局，2016年。

唐·高适著，刘开扬笺注：《高适诗集编年笺注》，中华书局，1981年。

唐·李白著，安旗、薛天纬、阎琦、房日晰笺注：《李白全集编年笺注》，中华书局，2015年。

唐·李白著，清·王琦注：《李太白全集》，中华书局，1977年。

唐·孟浩然著，佟培基笺注：《孟浩然诗集笺注》，上海古籍出版社，2013年。

唐·王昌龄著，黄明校编：《王昌龄诗集》，江西人民出版社，1981年。

唐·王昌龄著，李云逸注：《王昌龄诗注》，上海古籍出版社，1984年。

唐·王维著，陈铁民校：《王维集校注》，中华书局，2012年。

唐·王维著，清·赵殿成笺注：《王右丞集笺注》，上海古籍出版社，1998年。

唐·姚汝能撰，曾贻芬校点：《安禄山事迹》，上海古籍出版社，1983年。

唐·张九龄著，熊飞校注：《张九龄集校注》，中华书局，2017年。

宋·欧阳修、宋祁编撰：《新唐书》，中华书局，1975年。

宋·司马光编著：《资治通鉴》，中华书局，2011年。

清·蘅塘退士编，陈婉俊补注：《唐诗三百首》，中华书局，2004年。

陈铁民著：《高适岑参诗选评》，上海古籍出版社，2002年。

陈贻焮著：《杜甫评传》，上海古籍出版社，1982年。

冯至著：《杜甫传》，人民文学出版社，1980年。

傅璇琮主编：《唐才子传校笺》，中华书局，2002年。

郭沫若著：《李白与杜甫》，人民文学出版社，1972年。

郭谦著：《盛唐十大诗人交往史录》，电子科技大学出版社，2014年。

顾建国著:《张九龄年谱》,中国社会科学出版社,2005年。

赖瑞和著:《唐代高层文官》,中华书局,2017年。

赖瑞和著:《唐代基层文官》,中华书局,2008年。

赖瑞和著:《唐代中层文官》,中华书局,2011年。

刘宁著:《王维孟浩然诗选评》,上海古籍出版社,2002年。

刘文刚著:《孟浩然年谱》,人民文学出版社,1995年。

吕蔚著:《安史之乱与盛唐诗人》,中华书局,2010年。

沈文君著:《贾至研究》,陕西人民教育出版社,1998年。

石云涛著:《安史之乱——大唐盛衰记》,中华书局,2007年。

熊笃编著:《天宝文学编年史》,重庆出版社,1987年。

张清华著:《王维年谱》,学林出版社,1988年。

图书在版编目（CIP）数据

胡骑啸长安：盛唐诗人的安史离乱/郑海洋著. -- 太原：山西人民出版社，2020.8
ISBN 978-7-203-11194-8

Ⅰ.①胡… Ⅱ.①郑… Ⅲ.①诗人—列传—中国—唐代 Ⅳ.① K825.6

中国版本图书馆 CIP 数据核字（2020）第 149879 号

胡骑啸长安：盛唐诗人的安史离乱

著　　者	郑海洋
责任编辑	王新斐
复　　审	贾　娟
终　　审	姚　军
出 版 者	山西出版传媒集团·山西人民出版社
地　　址	太原市建设南路 21 号
邮　　编	030012
发行营销	010-62142290
	0351-4922220　4955996　4956039
	0351-4922127（传真）　4956038（邮购）
天猫官网	https://sxrmcbs.tmall.com　电话：0351-4922159
E-mail	sxskcb@163.com（发行部）
	sxskcb@163.com（总编室）
网　　址	www.sxskcb.com
经 销 商	山西出版传媒集团·山西人民出版社
承 印 厂	北京玺诚印务有限公司
开　　本	880mm×1230mm　1/32
印　　张	9.5
字　　数	200 千字
版　　次	2020 年 8 月　第 1 版
印　　次	2020 年 8 月　第 1 次印刷
书　　号	ISBN 978-7-203-11194-8
定　　价	48.00 元

如有印装质量问题请与本社联系调换